KB180227

에코왕
챌린지

에코왕 챌린지

2021년 4월 1일 1판 1쇄 발행
2022년 5월 10일 1판 2쇄 발행
—

지은이 녹색연합(박효경, 배선영, 신지선, 윤소영)
펴낸이 이상훈
펴낸곳 책밥
주소 03986 서울시 마포구 동교로23길 116 3층
전화 번호 02-582-6707
팩스 번호 02-335-6702
홈페이지 www.bookisbab.co.kr
등록 2007. 1. 31. 제313-2007-126호
—

디자인 디자인허브
—

ISBN 979-11-90641-41-8 (03300)
정가 15,000원

이 책은 저작권법에 따라 보호받는 저작물이므로 무단전재와 무단복제를 금합니다. 이 책 내용의 전부 또는 일부를 사용하려면 반드시 저작권자와 출판사에 동의를 받아야 합니다.

책밥은 (주)오렌지페이퍼의 출판 브랜드입니다.

에코왕 챌린지

일상도 환경도 포기할 수 없다면, 할 수 있는 것부터

녹색연합(박효경, 배선영, 신지선, 윤소영) 지음

책밥

이 책은 종이의 순환을 위해 표지는 별도의 코팅을 하지 않았으며 본문은 친환경 미색지를 사용해 제작했습니다. 시간이 지나 책이 처음처럼 멀끔하지 않더라도, 자연스럽게 해지는 책을 즐겨주세요. 어렸이 함께 보고 돌려 보며 해어지는 책만큼, 조금씩 자란 나의 에코라 이프에 뿌듯함을 느껴보기 바랍니다.

제가 자주 가는 분식집에서는 떡볶이를 포장할 때면 일회용 나무젓
가락을 함께 넣어줍니다. 매번 저는 "젓가락은 두고 갈게요."라고 얘
기했는데, 어느 날은 점원 분이 포장을 건네주면서 "젓가락은 안 넣
었어요."라고 말씀하시더라고요. 그동안 계속 거절한 보람이 있구
나, 앞으로는 얘기를 안 해도 되겠구나 싶었는데, 웬걸 다음 번엔 다
시 젓가락이 들어 있더군요. 매번 안 주셔도 된다는 말을 하는 게 어
색하기도 하고 귀찮기도 해서 알아서 빼주기를 바랐는데. 가는 곳마
다 "죄송한데, 안 주셔도 돼요."라고 말하는 일은 생각보다 쉽지 않
습니다. '죄송한데'를 붙여야 될 만큼, 나를 생각해서 챙겨주는 일회
용품들이 왜 이리 많은지. 거절하기 싫어서, 유난스러워 보이기 싫
어서, 그냥 받아 든 일회용 수저, 비닐봉투, 종이컵, 물티슈…. 결국
이것들은 어디로 갔을까요?

주변 곳곳에서 일어나고 있는 환경 문제는 무엇이고, 우리가 더 이상 방관자로 살아갈 수 없다는 점을 일깨워주는 좋은 책들이 많습니다. 더 늦기 전에 나부터 노력해야겠다고 생각하는 사람들도 늘어나고 있어 다행입니다. 지구에 해를 덜 끼치는 방식으로 살아가겠다고 마음먹었지만 어디서부터 어떻게 시작해야 할지 막막하다면, 가장 가까운 생활에서부터 도전해보면 어떨까요? 바로 그런 출발점에서, 여러분이 당장 한발이라도 내딛을 수 있도록 돕기 위해 이 책을 썼습니다. 네 명의 녹색연합 활동가들이 자신의 일상에서 직접 겪으며 고민하고, 도움이 될 만한 정보를 모았습니다. 일상에서 환경 문제를 만나고 삶의 작은 변화부터 시작할 수 있었으면 하는 바람을 차곡차곡 담아서요.

생활 속 환경 실천을 주제로 글을 쓰거나 이야기를 나눌 때면, 늘 마음 한구석이 찜찜합니다. 집에 수북하게 쌓여 있는 플라스틱 쓰레기가 생각나고, 장 볼 때마다 받아 온 비닐봉투가 떠올라 죄책감이 콕콕 나를 찌릅니다. 그래도 괜찮아요. 중요한 것은 얼마나 많이 아느냐, 얼마나 많이 실천하느냐보다 매일 돌아보고 매일 다짐하는 동시에 나의 삶의 방식을 꾸준히 지속해나가는 것이니까요. 완벽한 에코라이프는 없다는 말입니다. 사람마다 자신의 생활 방식이 있듯, 친환경적인 삶의 방식도 개인마다 기준이 있고 실천할 수 있는 범위도 다르겠지요. 경제적인 여건을 고려해야 할 때도 있고, 개인의 노력보다 시스템의 변화가 더 필요한 부분도 있습니다.

필요 없는 일회용품을 거절하는 것. 이것만 해도 친환경적인 삶은 충분히 가능하다고 생각합니다. '필요 없는' 것의 기준을 스스로 점검하면서 '거절'의 범위를 확장시켜가면, 배달 주문할 때 일회용품 제외를 선택하는 방법부터 음식 배달을 아예 하지 않는 방법까지 친환경적인 삶의 모습은 다양한 모습으로 모두 가능니까요. 다른 누구의 시선과 기준이 아니라 내가 살고 싶은 모습대로 시도하고 보완하면서 여러분만의 에코라이프를 꾸려가면 좋겠습니다. 내일부터 말고, 오늘부터 하나씩이요.

필자들을 대표해서

박효경 드림

| 차 례 |

#1
집콕왕의 에코라이프

잘 버리면 쓰레기도
쓰레기가 아니다

언택트 시대. 집에서 보내는 시간이 많아졌다. 재택근무라도 하는 날에는 꼼짝없이 집콕이다. 문득 종량제봉투 사는 빈도가 늘었다는 것을 알아차렸다. 집에서 생활하는 시간에 비례해 집에서 만들어내는 쓰레기도 늘어난 것이다.

쓰레기봉투 안에는 김치찌개가 담겼던 검정색 플라스틱 용기, 이물질이 잔뜩 묻은 용기 뚜껑, 배달 음식에 딸려 오는 각종 소스 파우치, 식재료 구입할 때 딸려 온 아이스팩 등 당연히 모두 재활용이 되지 않는 것들이 있다. 물건을 살 때는 가성비며 재질이며 꼼꼼하게 따져보도록 훈련받는 우리, 잘 버리는 방법에 대해서는 얼마나 알고 있을까?

재활용, 잘 되고 있을까?

내가 수고롭게 캔이며 플라스틱이며 비닐을 따로 열심히 분리해 버려도 처리 과정에서 오염되거나, 복합 재질일 경우 재활용이 불가능하다. 환경부 발표에 따르면 우리가 버리는 재활용품 중 약 40%는 제대로 재활용되지 않고 매립 또는 소각된다.

2020년 상반기 기준으로 플라스틱 생활폐기물 발생량은 30만여 톤에 달한다고 한다. 하루 853톤꼴로 작년 같은 기간 대비 15%나 급증했다고 하는데, 언택트 소비와 맞물려 우리의 생활 패턴이 바뀌면서 일회용 플라스틱 포장 쓰레기도 크게 늘어난 것이다. 하지만 이를 분리하고 처리하는 인력이 턱없이 부족해 소각하거나 매립하는 방법을 선택할 수밖에 없는 현실이다.

나부터 똑똑한 분리배출법

그럼에도 분리배출은 중요하다. 개인이 분리배출을 통해 해결할 수 없는 부분들은 생산단계에서 단일소재로 생산하거나, 처리 시 재활용이 용이한 디자인을 고려하도록 시스템 개선이 필요하다. 분리배출의 큰 원칙을 알고 있다면 도움이 될 것이다. 환경부에서는 ①비우고 ②헹구고 ③분리하고 ④섞지 않는다, 딱 네 가지만 지켜줄 것을 당부한다.

- 라벨과 접착제로 붙어 있는 빨대 등은 꼭 깨끗이 떼어내 별도로 배출한다.

- 음식물이 묻어 있다면 물로 헹군다. 물로도 빠지지 않는 떡볶이국물 같은 빨간 양념 자국은 햇볕에 하루 정도 말리면 열어진다는 정보를 참고하자.
- 재질을 잘 살펴 분리하자. 간혹 가위나 냄비 같이 두 가지 재질이 섞여 있는 물건들이 있는데, 도저히 내 힘으로 떼어낼 수 없는 재질이라면 좀 더 많은 비율을 차지하고 있는 재질로 버린다. 이왕이면 구매할 때 복합재질이 아닌 단일재질로 생산된 물건을 구매하는 것도 방법!
- 생분해 플라스틱은 종량제봉투에 버린다. 생분해 플라스틱은 처리 방법이 일반 플라스틱과 다르고, 재활용 처리 과정에 섞이면 재활용을 방해할 수 있다. 생분해 빨대, 비닐, 일회용 컵 등은 종량제봉투에 버리자.
- 쓰레기와 관련된 정보는 내가 살고 있는 지역에 따라 처리 방법이 다르기 때문에, 정확한 정보를 알고 싶다면 내 거주지 지자체 홈페이지를 참조하거나 민원 상담을 이용하는 게 좋다.

재활용보다 재사용

풍요로운 시대를 사는 만큼 쓰레기는 쌓여간다. 새롭게 자원을 만들어내는 데 에너지를 들이는 것보다 이미 있는 자원을 다시 사용해서 낭비를 막는 지혜가 필요한 때이다. 플라스틱이나 캔을 잘 분리해 버리면 또 다른 자원으로 탄생할 수 있다는 장점이 있지만, 그만큼 에너지가 들어간다. 재활용이라는 과정 자체가 이미 쓰임을 다해 폐기된 이후의 처리 과정이기 때문이다. 버려진 쓰레기를 다시 수거하고 운반하고 처리하는 모든 과정에 물리적 에너지와 누군가의 노동력이 쓰인다. 재활용 쓰레기도 결국 쓰레기다.

환경단체 녹색연합은 쓰레기를 줄이기 위한 원칙을 기존의 3R에서 확장된 5R로 설명한다. Refuse(거절하기) – Reduce(줄이기) – Reuse(재사용하기) – Recycle(재활용하기) – Redesign(다시 디자인하기). 쓰레기를 만들지 않기 위해 "필요 없어요, 주지 않아도 괜찮습니다."라고 미리 거절하는 방법과 있는 물건을 다시 사용하는 방법은 근본적인 해결책이다. 때문에 버린 다음 재활용하는 방법에서 더 나아가, 버리기 전에 재사용하는 방법들이 더 많이 고민되고 구체적인 시스템이 생겨나야 한다.

그런 의미에서 몇몇 병에 적용되는 빈 병 보증금 제도는 자원을 낭비하지 않기 위해 고안된 중요한 '재사용 시스템'이다. 오늘 저녁, 가볍게 집에서 혼술 한잔할 때 캔맥주 대신 병맥주를 골라보자. '빈 병 보증금' 표시가 있는 병을 반납하고 병당 100원 또는 130원을 환급받으면 약간의 수고로움으로 커다란 뿌듯함을 보상받을 수 있을 것이다.

플라스틱 없는 욕실

그동안 열심히 분리배출하며 나름 친환경 실천을 해왔다고 자부했는데, 재활용이 제대로 되지 않고 쓰레기를 운반하다가 유실되거나 태풍이 한 번 불면 온갖 쓰레기들이 바다로 흘러들어간다는 기사를 보고 무엇이 문제일까 고민하기 시작했다. 잘 버리는 것도 중요하지만, 아예 버리지 않는 생활은 어떨까. 엄격한 제로 웨이스트가 아니더라도 쓰레기를 줄이기 위해 일단 작은 것부터 시작해봐야겠다. 방 구석구석 살펴보며 당장 없어도 괜찮은 플라스틱이 무엇일까 고민하니, 눈에 들어오는 것이 바로 욕실! 하루에도 몇 번씩 들락날락하는 욕실에 즐비한 플라스틱 용품들을 대체할 수 있는 물건들로 바꾸면서 플라스틱 없는 일상으로 내 방의 풍경을 조금씩 바꿔보기로 한다.

도전, 플라스틱 없는 욕실

비누를 써보자

샴푸와 린스, 컨디셔너, 보디 클렌저, 클렌징폼 등 좁은 욕실에 가득 들어찬 플라스틱 용기들. 꾹 누르면 쭉 나오는 세정제 용기의 몸체와 펌프 부분은 대체로 플라스틱인데, 안에 스프링이 들어가 있고 재질도 서로 달라 재활용이 어렵다. 게다가 상품 정보와 광고를 위한 로고 등을 새기기 위해 쓰인 각종 염료도 재활용을 어렵게 하는 데 한몫한다. 세안과 몸 세정을 한 번에 할 수 있는 올인원 비누를 구매했더니 플라스틱 용기들로 붐비던 욕실이 깔끔해졌다. 나에게 잘맞는 비누 하나만 구매하면 되니 장보기도 간편해진 건 덤!

비누를 잘 보관하자

천연 비누는 금방 무르는 단점이 있어서 사용 후 물기가 잘 마를 수 있게 관리해야 한다. 그 단점을 보완해줄 친절한 아이템, 바로 천연 수세미! 천연 수세미를 적당한 크기로 잘라 단면을 비누 받침으로 사용할 수 있다. 또는 실로 엮은 비누망을 사용하는 것도 좋은 방법이다. 이도 저도 귀찮다면 넙적한 비누면에 플라스틱 뚜껑을 반쯤 박히도록 꾸욱 눌러 박고 초미니멀 비누받침으로 사용할 수도 있다. 소주 병뚜껑은 녹슬 수도 있으니 조심하자.

아크릴 샤워볼 대신 천연 소재로 몸 닦기

몸에 닿았다가 씻겨나가는 세정제를 바꿨다면, 이제는 몸을 문지르는 소재를 생각해보자. 거품이 뭉게구름처럼 잘 일어나는 아크릴 샤워볼은 미세섬유를 탈락시켜 바다를 오염시키고 결국 먹이사슬을 통해 우리 몸으로 유입된다는 것을 명심하자.

칫솔과 면봉은 플라스틱 대신 대나무 소재로

주기적으로 교체해야 하는 칫솔은 재활용되지 않는다. 손잡이가 플라스틱으로 만들어진 면봉은 너무 가볍고 작아서 재활용이 되지 않을 뿐더러 바다로 흘러들 경우 해양동물들의 생명을 위협한다. 가능하면 다회용을 선택하고, 꼭 필요할 경우 손잡이가 나무로 된 제품을 선택하자.

치실도 플라스틱이다

치아 건강을 위해 필수적인 치실 사용! 하지만 이 치실도 합성섬유, 즉 플라스틱으로 만들어졌다는 사실을 아는 사람은 많지 않다. 자연에서 쉽게 분해되는 천연섬유로 만들어진 치실이 최근에는 대안으로 만들어지고 있다.

영구적으로 사용 가능한 스테인리스 혀 클리너

한 번 구매하고, 관리만 잘 한다면 거의 영구적으로 사용할 수 있

는 튼튼한 제품들이 있다. 혀 클리너를 사용하는 사람이라면 칫솔처럼 몇 개월 사용하고 버려야 하는 플라스틱 제품이 아니라 내구성이 좋고 인체에도 안전한 다회용을 사용해보자.

지구를 위한 용기, 리필숍의 실험들

내가 모든 걸 새롭게 바꾼다고 지구가 건강해질까? 대안 용품을 구매하는 것이 또 다른 소비를 촉진하는 것은 아닐까? 이런 고민을 하기도 한다. 천연 비누나 샴푸바를 써서 플라스틱 쓰레기가 나오지 않는 것은 좋은데, 피부 상태에 따라 사용해야 하는 제품이 많을 수도 있다. 샴푸를 다 쓰면 가까운 마트에서 내가 쓰던 제품을 리필할 수 있다면 좋을 텐데. 다행히 이런 고민에서 출발한 리필숍들의 실험이 이어지고 있다. 대부분의 리필숍에서 정가보다 훨씬 할인된 가격으로 구매할 수 있는 것도 장점! 이용하는 사람이 많아지면 해외처럼 더 많은 제품을 리필해서 소분 구매할 수 있게 되지 않을까?

알맹상점×아로마티카 (망원동)

아로마티카의 벌크 제품을 구매할 수 있는 알맹상점. 각자의 용기를 가져가 원하는 만큼 소분 구매할 수 있다. 뿐만 아니라 알맹상점 한편에서는 올리브유와 발사믹소스, 그리고 천연 비누열매인 소프넛도 구매가 가능하다. 아로마티카의 신사동 브랜드 체험관에서도 리필 스테이션이 운영중이다. 샴푸와 클렌저, 토너 등 18종을 리필할 수 있다.

아모레퍼시픽 리필 스테이션 (수원시 영통구 광교앨리웨이)

아모레퍼시픽 제품 보디워시와 샴푸 15종을 리필할 수 있다. 한 번 리필하면 생수병 3개만큼의 플라스틱과 600ml의 물, 전구를 25시간 켤 수 있을 정도의 에너지를 절약한다고 아모레퍼시픽 측은 말한다. 다만 용기 안정성을 위해 전용 용기를 구매해야 한다.

이마트 에코 리필 스테이션 (성수점)

세제 업체 '슈가버블'의 액상 세제와 섬유유연제 두 가지를 판매한다. 직접 가져간 용기를 노즐에 끼우고 자판기처럼 세제를 받을 수 있는 시스템. 리필 전용 용기를 구매해야 한다.

천연 세제로도 충분해

친구가 어느 날 침구를 다 버렸다고 했다. 무슨 일이냐 물으니 이불을 아무리 빨아도 몸이 너무 간지러워서 견딜 수가 없단 다. 그런데 문제는 침구를 싹 바꿔도 간지럼증은 나아지지 않았 다는 것. 병원에서 처방한 약도 바를 때만 괜찮아졌다고 했다. 나는 '세제 화학성분 때문이 아닐까?' 생각하며 조심스럽게 세 제 바꿔보기를 제안했다. 화학성분의 인체 유해성을 다룬 여러 다큐들(SBS스페셜 독성가족: 인체화학물질보고서, 환경호르몬의 습격 등)과 '바디버든 프로젝트(바디버든: 일정 기간 체내에 쌓인 유해물질 의 총량)'를 충격적으로 보았던 터였다.

내가 쓰는 제품에는 어떤 화학물질이?
시장에 나온 화학물질은 8만 종 정도 된다고 한다. 우리 생활 어디에나 있는 화학물질, 하지만 안전성에 대해서는 속 시원히 알지 못한다. 가습기 살균제 사건에 이어 치약, 샴푸, 구강청결제 등에서도 유해 화학물질이 검출되었지만 안심하고 사용할 수 있는 안전성에 대한 기준은 논란이 가중되고 피해가 발생할 때마다 그때그때 보완해가는 느낌이라, 소비자들은 불안함 속에서 더욱 천연 제품에 열광하는지도 모르겠다.

향초는 독이다

향초의 주성분인 파라핀 왁스와 합성향료는 연소할 때 독성물질을 내뿜는다고 알려져 있다. 디퓨저도 마찬가지. 사람뿐만 아니라 반려동물에게도 유해하다.

파라핀 왁스가 사용되지 않은 밀랍이나 소이왁스 캔들을 대안으로 구매하고, 가능한 향이 없는 제품을 사용한다.

성분표 확인하기

생활 화학제품이나 락스·살충제·모기 기피제 같은 살생물제의 전성분은 알 권리 차원에서 반드시 제대로 설명되어야 한다. 환경부에서 운영하는 생활환경안전정보시스템 '초록누리'를 통해 내가 구매할 제품이 안전한지 꼭 확인해보자. 전 성분을 공개하지 않는 제품은 구매하지 말 것! 'NO Data, NO Market'을 기억하자.

집안 곳곳, 천연 제품으로 바꿔볼까?

베이킹소다(pH8)

과일이나 채소를 세척할 때 세제 대신 사용할 수 있다. 물에 풀어서 가볍게 씻어준다. 잘 씻기지 않는 각종 찌든 때에도 효과 만점! 베이킹소다와 물의 비율은 1:10 정도로 맞춰 사용한다.

과탄산소다(pH11)

기름때, 음식물, 얼룩, 땀 같은 산성 오염을 제거하고 표백 작용을 기대할 때 사용한다. 강한 염기성이기 때문에 금속 재질에 사용하면 부식될 수 있으니 주의할 것!

구연산(pH1.5 미만)

가벼운 물때나 세제 찌꺼기 같은 염기성 오염을 제거할 때 적합하다. 세면대나 욕조의 때를 없애거나 생선 냄새 같은 악취를 중화시킬 때에도 좋다. 강한 산성이기 때문에 사용량에 알맞게 물에 희석해서 활용해야 한다.

천연 세제의 끝판왕, 소프넛 도전!

나무에서 자라는 비누, 소프넛은 탄생부터 폐기까지 자연 그 자체다. 사포닌 성분이 함유되어 있어 세정 효과가 좋고, 효능을 다한 열매 껍질은 퇴비로까지 쓸 수 있다. 목욕부터 설거지까지, 모

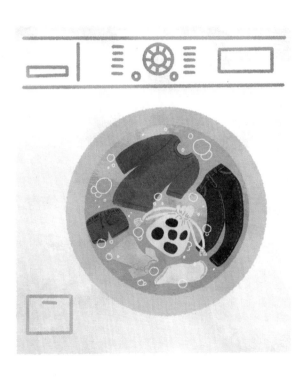

든 세정에 사용 가능하다.

비누열매 소프넛

뭐가 좋을까?

- 나에게 좋다. 샴푸나 세제, 섬유유연제에 첨가된 합성 계면활성제의 독성과 자극으로부터 피부를 지킬 수 있다.
- 100% 천연 성분으로 물을 오염시키지 않아 지구에도 좋다.
- 요즘 대세, 미니멀리즘에 도전한다면? 샤워부터 빨래, 설거지, 반려동물 목욕까지 올인원으로 대만족! 욕실에서 플라스틱 병들이 사라지는 희열을 맛볼 수 있다.
- 세정력을 잃은 열매껍질은 잘 모아 화분이나 텃밭에서 퇴비화하면 진정한 자원의 순환을 경험할 수 있다.

사용 방법

① 천 주머니에 15개 정도의 소프넛 열매를 넣고 잘 묶은 후, 1.5L 물이 담긴 냄비에 넣는다.

② 물이 끓으면 불을 줄이고 한 번씩 저어주며 30분 더 끓인다.

③ 불을 끄고, 소프넛 액상이 식으면 소프넛을 건져낸다.

④ 약 1L의 소프넛 액상을 집에 있는 재사용 유리병에 넣어 빨래할 때, 설거지할 때, 머리 감을 때 등에 사용한다.

천 주머니에 소프넛 알맹이를 넣고 세탁기 안에 툭, 은근히 거품
이 잘 일어난다. 심한 기름때는 초벌 빨래를 살살 해 넣으면 깨끗
하게 헹궈진다. 과탄산소다를 소량 섞는 것도 방법!

친환경 인테리어

집 근처에 카페가 새로 생겼다. 정말 예쁘게 꾸몄다 생각했는데, 들어가서 5분도 안 돼 눈이 따갑고 머리도 아프다. 이게 바로 새집 증후군이구나. 실내 공간을 꾸미는 페인트나 벽지, 가구 등에 포함된 유해물질에 지속적으로 노출될 경우 건강에 해를 끼치게 된다. 아토피 피부염 같은 게 대표적이다. 미세먼지만 걱정할 게 아니라, 실내 공기질도 동시에 신경을 써야 한다. 두고두고 집안에 쌓이고 있을지도 모르니 말이다.

독하지 않게 살려면

내가 쓰는 페인트에는 어떤 성분이?

페인트의 성분 중에는 중금속과 휘발성유기화합물(VOCs) 같은 유해물질이 포함될 수 있다. 보다 안전한 페인트를 찾기 위해 친환경 페인트를 선택하는데, 간혹 천연 페인트와 헷갈리기도 한다. 천연 페인트는 자연에서 채취한 천연 원료를 포함한 것으로 100% 천연 재료가 아니라도 천연 재료가 들어가기만 하면 천연 페인트라고 칭할 수 있다. 친환경인지, 천연인지보다 어떤 성분이 들어 있는지 확인하는 것이 무엇보다 중요하다.

친환경 인증마크도 다 같은 게 아니다

친환경 페인트 인증에는 HB마크(한국공기청정협회가 실내공기 오염물질 방출량 기준에 따라 주는 친환경건축자재 인증), 로하스 인증(친환경적이며 사회 공헌을 최우선 가치로 삼는 기업 및 단체의 제품, 서비스, 공간에 인증), 환경마크(환경부에서 동일 용도의 다른 제품에 비하여 환경 오염을 적게 일으키거나 자원을 절약할 수 있는 제품에 대하여 부여하는 인증)제도 등이 대표적이다. 친환경 페인트라고 홍보하면서도 인증 기준을 초과하는 경우들도 많다. 각 제품의 홈페이지에서 친환경 인증서 또는 성적서를 확인하는 것이 가장 정확하다.

모두 친환경일 수 없다면, 대안은 환기

친환경 페인트를 선택하더라도 다른 것들까지 모두 친환경으로 선택하기는 쉽지 않다. 가격대도 높고, 시공 비용도 만만찮다. 마감재나 접착제에서 나오는 유해물질까지 다 해결하기도 어렵다.

이런 유해물질들이 잘 날아갈 수 있도록 환기를 잘하는 부지런함이 필요하다. 환기는 실내 공기를 외부 공기와 완전히 바꿔야 의미가 있기 때문에 잠깐 창문을 여는 것만으로는 환기가 제대로 이루어지기 어렵다. 공기의 원활한 흐름을 위해서 되도록 집안의 모든 창을 최소한 10분 정도는 열어두도록 하자. 새집으로 이사했을 때, 보일러를 고온으로 높여 집안의 유해한 화학물질을 날려보내는 방법인 베이크 아웃. 이 경우에도 화학물질이 집안에 머무르지 않게 하기 위해 환기는 필수다.

공기정화식물을 키우면 일석이조

실내에서 식물을 기르면 공기정화에도 좋고, 별다른 인테리어도 필요 없다. 요즘에는 '반려식물'이라고 해서 집에서 기르는 식물에 애착을 갖는 사람들이 늘면서, 함께 살아간다는 생명으로서의 의미도 커졌다. 공기정화 식물들은 키우는 과정도 그리 어렵지 않다. 물론 식물이 많으면 많을수록 공기정화의 효과도 커진다.

집에서 키우기 좋은 공기정화식물들

아레카 야자

NASA가 지정한 실내 공기정화식물 중에서 일등 공신으로 꼽히는 식물. 거실이나 사무실 등의 공기정화를 원한다면 필수다. 비교적 키우기 쉽지만 강한 직사광선이나 건조한 공기는 싫어한다. 증산작용으로 천연 가습기 역할까지 해주는 만능 식물이다.

관음죽

관음죽은 암모니아를 잘 흡수하는 기능성 식물로 화장실에 두면 좋다. 반그늘에서 잘 자라며 겨울에 영하 10℃ 이하로 내려가지 않는 정도로만 지내면 이듬해 성장에도 도움이 된다. 물을 좋아하면서도 싫어하는 관음죽은 건조함을 피하되 물이 축축하게 고이지 않도록 관리해주는 것이 포인트!

뱅갈 고무나무

열대 아시아에서 건너와 따뜻한 온도를 좋아하지만 더위는 추위 못지 않게 주의가 필요하다. 새집 증후군을 일으키는 포름알데히드와 벤젠 성분을 없애주는 데에 탁월하다.

몬스테라

그늘을 좋아하는 몬스테라는 monstrum(이상하다)이라는 어원을 갖는다. 웬만한 환경에도 꿋꿋이 살아나는 생명력과 적응력 때문. 큼직한 하트 모양인 몬스테라 잎사귀는 모양을 본떠 다양한 상품으로도 나올 만큼 식물계의 '인싸'다. 실내 공기의 오염원인 포름알데히드와 전자파를 제거하는 효과가 있다. 잎에는 옥살

산이 있어서 혀가 뻣뻣해지고 마비될 수 있으니 혹시라도 먹지 않도록 주의!

수염 틸란드시아

수염 틸란드시아는 공중에서 대롱대롱 매달려 크는 공중식물로 미세한 솜털을 이용해 공기 중의 수증기와 유기물을 흡수한다. 잎에 붙은 먼지를 털어주기 위해 일주일에 한 번 15분 정도 물에 푹 담갔다가 빼주면 맑은 초록빛이 유지된다. 재생능력이 부족하니 상처가 나지 않도록 주의할 것. 밤에 기공을 열어 호흡하며 야간에 산소를 만들어낸다.

버리는 물도 다시 보자

사소한 습관인데, 나는 물을 자주 틀어 놓고 쓴다. 어렸을 때부터 귀에 딱지 않게 들은 말이 물 절약, 전기 절약인데도 말이다. 친구들을 봐도 물을 틀어놓고 쓰는 일이 많다. 실제 통계로 살펴봐도 다른 나라에 비교해보면 한국인의 1인당 물 사용량은 높은 편이다.* 물 사용량에 비해 수도요금은 낮은 편인 데다 일상에서 물 부족을 크게 느끼지 못하는 탓에 우리는 물을, 말 그대로 '물 쓰듯' 해왔다. 갈증나는 순간 물 한 모금이 주는 행복, 그것이 특별한 일이 되기 전에 내 일상에서 줄줄 새고 있었던 물 낭비 습관을 바로잡아보자.

---

* 지난 2016년 말 기준 우리나라 국민 1인당 하루 물사용량은 287L로, 미국, 일본에 이어 세계에서 세 번째로 물을 많이 사용한다. 독일(127L)이나 덴마크(131L) 등 유럽 국가의 2배가 넘는 물을 쓰고 있다(자료: 환경부 상수도통계 2017). 세계보건기구(WHO)에 따르면 세계 인구의 절반 가량은 1인당 하루 94L의 물로 살아가고 있다.

물을 아끼는 아주 사소한 습관

양치질할 때 컵 사용하기

입을 헹구는 데는 물 3컵(600ml)이면 충분하다. 1컵(200ml)을 가득 받는 데 걸리는 시간은 3초. 길어도 10초면 충분할 양의 물을 양치컵을 쓰지 않으면 보통 1분 정도 흘려 보낸다. 내 손이 아무리 재빨라도 물을 잠그는 것보다 낫진 않다.

비누칠할 때 물 잠그기

수도꼭지를 틀어놓으면 1분당 12~20L의 물이 나온다고 한다. 손에 거품을 낼 때 보통 30초 정도 걸린다고 하면 6~10L의 물이 그냥 버려지는 셈이다. 또 샤워할 때 1분만 줄여도 약 12L의 물을 절약할 수 있다. 손에 비누칠하는 것처럼 샴푸나 비누칠을 할 때 샤워기를 끄는 습관을 들이자.

설거지는 물을 받아서, 쌀뜨물 활용하기

설거지통을 사용하면 평소 쓰는 양의 60%만큼 물을 아낄 수 있다. 기름기가 묻은 그릇은 휴지로 닦아내고 씻는 편이 물을 절약할 수 있으며, 받아놓은 쌀뜨물 혹은 국수 삶은 물로 씻으면 기름때를 제거하는 데 도움이 된다. 쌀뜨물은 국요리나 세안용으로도 활용이 가능하니 일단 받아두자.

현재 가정에 많이 보급되어 있는 13L급 변기 수조를 6~9L급으로 바꾸면 하루 50%의 절수효과를 얻을 수 있다. 1.5L 물병에 물을 채워 변기 수조에 넣어두면 그 부피만큼 물이 덜 채워지기 때문에 회당 약 1.5L의 물을 아낄 수 있다.

지구를 위해 한 발 더

빗물 저금통

빗물이 도로나 축사 등의 오염물질과 섞여 하수관으로 바로 흘러들어가면 정화하지 않고는 사용할 수 없다. 때문에 도로 등으로 흘러가기 전에 빗물을 한곳에 모아두는 것만으로 오염물질의 방류를 막아 수질오염을 줄일 수 있다. 이렇게 지붕 등에 내린 빗물을 수조나 작은 저장 탱크에 모아 재이용할 수 있는 시설을 빗물 저금통이라고 하는데, 비가 올 때 시골에서 처마 밑에 큰 대야를 받쳐 놓았던 것과 비슷한 모습이다. 이렇게 모아진 빗물은 텃밭이나 화단, 가정용 채소 키우기 또는 청소하는 데 활용 가능하다. 가구마다 시설을 확대 설치한다면 가뭄에도 대비할 수 있어 도시 차원에서는 작은 댐을 보유하는 것과 같은 효과를 얻는 셈이라고 한다.

전기 잘 쓰는 법

가스레인지 vs. 전기레인지. 선택하라면 어느 쪽인가? 가스레인지는 보편적인데 설치와 건망증이 걱정이고, 전기레인지는 트렌디한데 요리에 불맛이 안 날 것 같다. 비용, 전기요금, 디자인 등 선택에 많은 기준들이 있겠지만 역시 중요한 부분은 에너지 사용이 얼마나 효율적인가 하는 점이다. 에너지 활용만 고려할 때 전기레인지는 가장 비효율적인 방식이다. 화석연료를 태워 만든 전력을 장거리 송전으로 공급받아 다시 태우는 연료로 사용하고 있지 않은가. 이에 비해 가스는 수입해 저장해놓고 가스 형태로 만들어 공급하는 방식이니 에너지 효율 측면에서 가성비가 전력보다 높다. 물론 에너지 효율이 높은 전기제품들이 많이 나오고 있고 생활 방식에 따라 요리를 많이 하지 않는다면, 전기레인지가 더 나은 선택이 될 수도 있다. 에너지를 만드는 것은 다양한 환경 문제와 연결되어 있는 만큼, 우리에게 없어서는 안 될 전기를 아끼며 잘 사용하기 위해 꼭 알아야 할 몇 가지 정보를 모았다.

전력(W)과 전력량(Wh) 무엇이 다를까

전력

기기가 전기에너지를 소비하는 능력이며 와트(W) 단위를 사용한다. 모든 가전제품 뒷면에 소비전력으로 표시되어 있고, 값이 클수록 전력 소모가 크다. 순간적으로 큰 힘을 내야 할수록 소비전력이 큰 셈이다. 얼음도 잘 갈리는 블랜더는 그렇지 않은 제품보다 소비전력이 높은 식이다.

전력량

기기를 일정 시간 동안 사용했을 때 소비한 전기에너지의 양이다. 전력(W)과 사용시간(hour)을 곱해서 계산하고, 단위로 와트시(Wh)를 사용한다. 전력량은 사용시간이 길수록 전력소비량이 많아진다. 전기계량기에 표기된 것이 이 전력량으로, 전기요금을 결정한다. 단순히 소비전력이 높다고 전기요금을 높이는 것이 아니라 사용시간에 비례해 전력량이 계산된다. 소비전력이 무려 1,500W나 되는 헤어드라이어를 매일 사용하지만 사용시간이 5분 안팎으로 짧기 때문에 10시간씩 쓰는 100W 전기밥솥보다 사용 전력량은 훨씬 적다.

잊지 말자 에너지 효율

에너지 소비 효율 등급 표시 제도

에너지 절약이 되는 가전제품을 선택할 수 있도록 33가지 가전
제품에 대해 에너지 소비 효율을 1~5등급으로 매겨 표시하고 있
다. 교체주기가 긴 가전제품은 조금 비싸더라도 에너지 효율 등
급이 높은 것으로 구입해야 전기절약에 유리하다. 2020년에는
에너지 효율 높은 제품 생산과 소비를 확산하기 위해 정부에서
일부 으뜸효율 가전제품 구매비용의 10%를 환급해주기도 했다.
환경을 생각하는 소비자라면 가전제품을 구입할 때 브랜드 인
지도, 가격, 디자인을 고려하듯이 에너지 소비 효율도 반드시 고
려할 것!

대기전력 저감 프로그램

사용하지 않는 대기 시간에 절전모드를 통해 소모되는 전력을
1W 이하로 하여 전력 소모량을 줄인 제품에 절약 마크를 표시하
고, 미달되는 제품에 경고 표시를 한다. 컴퓨터, 모니터, 셋톱박
스 등 22개 기기가 대상이다. 소비자에게는 대기전력량까지 고
려해 제품을 선택할 수 있게 하고, 기업은 대기전력 소모량을 줄
이는 제품을 생산하도록 관리하는 목적이다.

가정보다는 건물이나 사업장에 고효율 에너지 기기 보급을 하기 위한 제도이다. 건물용 보일러나 난방온도 조절기, LED조명기구 등 39개 기기가 대상이고, 일정 기준 이상의 에너지 효율에 만족하는 제품에 고효율 기자재 마크를 붙이고, 성능을 표시한다. 건물 에너지 효율을 측정할 때 가장 기본이 되는 요건이다.

에너지 감축 지원제도, 받으셨나요?

탄소포인트제

온실가스 감축 참여를 확대하기 위해 에너지 감축량을 정부에서 탄소포인트로 제공한다. 전기, 수도, 도시가스를 2년 평균 사용량보다 5%만 감축해도 1년에 두 번 현금, 상품권 등으로 되돌려준다. (cpoint.or.kr)

에코마일리지

서울시민이라면 유사한 제도로 에코마일리지를 우선 이용하길 권한다. 타지역으로 이사할 경우 탄소포인트제도로 전환할 수 있다. (ecomileage.seoul.go.kr)

에너지 효율의 기본은 단열

- 일반 가정에서 에너지는 난방, 냉방, 온수에 가장 많이 쓰인다. 단열이 잘된 집은 전기요금도 적게 나오고, 에너지도 적게 쓰니 환경에도 이롭다.
- 겨울이 오기 전에 보일러 배관 청소하기, 유리창에 뽁뽁이나 열차단 시트 붙이기, 틈새를 문풍지로 막기, 현관 방풍문 설치하기, 커튼 활용하기, 바닥에 카펫이나 이불 깔기, 핫팩 대신 보온 물주머니 활용하기 등은 집 안에서 실천하기 좋은 단열 방법이다.

- 집을 고친다면 단열 공사를 포함하는 것을 추천한다. 옥상이 있다면 방수 쿨루프 페인트를 시공하고, 고효율 창문으로 교체하거나 창문 차양을 설치하는 것도 건물 에너지 효율을 높이는 방법이다. 서울시의 경우 건물 에너지 효율을 높이는 시공 비용을 담보 없이 저렴한 이자로 빌려준다고 하니 내 집이라면 지원사업을 확인하는 것도 좋은 방법이다.

재생에너지로 희망을

우리나라는 전력소비 세계 7위, 기후위기 주범 온실가스 배출량 세계 7위로 자랑스럽지 못한 기후 성적표를 갖고 있다. 세계적으로 석탄은 전력생산의 약 40%를 차지하며, 이 부문 온실가스 배출의 72%를 차지한다고 한다. 결국 석탄화력발전소는 지구온난화의 가장 큰 기여자로 꼽힌다. 기후위기를 늦추기 위해서는 화석연료 사용을 빠르게, 획기적으로 줄여가야 한다.

그 대안으로 원자력을 꼽는 이들도 있다. 하지만 역시 문제는 방사능! 핵폐기물의 위험성이 사라지려면 무려 10만 년을 봉인해야 한다는데 천문학적 처리 비용과 사회 비용을 고려하면, 원자력이 당장 생산 단가가 낮다는 이유만으로 경제적이고 안전한 에너지라고 할 수 있을까? 무한정 쓸 수 있고 안전하며 온실가스도 배출하지 않는 햇빛, 바람, 물 에너지가 더 확실한 대안이 아닐까? 자연으로부터 재생 가능한 에너지로 우리 시스템이 전환되는 상상. 지금 우리 앞에 닥친 위기를 절대적으로 공감한다면 꿈만 꾸고 있을 순 없다. 나도 한번 에너지 만들어 봐?

베란다만 있어도 되는 태양광 발전

준비

내가 사는 지역의 가정용 미니태양광발전 지원제도와 신청방법을 알아본다. 한국에너지공단 신재생에너지센터를 통해 우리 지역의 보조금 지원제도를 확인한다. 지자체에서 해마다 정해진 예산으로 지원하므로 연초에 알아보는 것이 좋다(greenhome. kemco.or.kr). 서울시의 경우 햇빛지도 홈페이지를 통해 보조금 지원제도는 물론 우리집 햇빛 분포와 태양광발전 시뮬레이션을 해볼 수 있다(solarmap.seoul.go.kr).

아파트는 반드시 관리사무소를 통해 설치 가능 여부와 입주자 동의를 확인해야 한다. 또 임대주택일 경우 집주인 서면동의가 필요할 수 있다. 단독주택이나 빌라의 경우 베란다형 외에 발전용량이 큰 옥상, 마당, 지붕을 활용한 설치도 고려할 수 있다.

설치

설치사업자는 한국에너지공단 신재생에너지센터 또는 지자체에 등록 여부를 확인한 후 설치한다. 베란다용 미니 태양광은 보통 200~300W 생산전력을 갖춘 제품을 설치한다. 하지만 크기 때문에 베란다 여유 공간이 2m는 되어야 한다. 지자체 보조금은 설치 이후 신청할 수 있다. 설치비를 보조받은 경우 5년의 의무 사용기간이 있고, 의무 사용기간 이후 폐기를 원할 경우 폐기·회수도 설치 사업자가 해준다.

발전

베란다 태양광발전기는 전기를 배터리에 저장해 필요할 때 쓰는 것이 아니라 생산하여 실시간으로 사용한다. 한전 계통과 연결되어 태양광발전에서 생산한 전기가 먼저 쓰이는 방식이다. 방향과 일조량에 따라 발전 효율은 달라지지만 보통 260W 생산용량 발전기의 경우 1년 동안 양문 냉장고 소비전력량만큼의 전기를 생산한다. 태양광패널의 수명이 25~30년으로 알려져 있는데 이것은 효율 기준으로 산정된 것이라 그 이후라도 생산 효율이 떨어지는 것일 뿐 전력 생산은 가능하다고 한다.

관리

청소는 필요 없지만 새똥을 닦고 쌓인 눈을 쓸어주는 정도의 관리는 필요하다. 또 이사할 경우 양도하거나 떼어 가 재설치할 수 있다. 사용하는 동안 A/S가 필요한데 설치 사업자가 폐업한 경우 한국에너지공단에 문의하면 다른 업체로 연결해준다고 하니

고장수리도 염려할 것이 없다.

그냥 아끼면 안 돼?

2010년 이후 1인당 전기 사용량은 꾸준히 증가세를 유지해왔다. 가정용 태양광 발전기로 우리가 쓸 전기를 일부라도 생산한다는 것은 전기요금을 그저 줄이기만 하는 것보다 에너지 자립에 한발 다가간다는 점에서 의미가 크다. 생산한 전기를 잉여분으로 사용하기보다 탄소포인트제도와 연계하여 절약으로 기여해보자. (cpoint.or.kr)

착한 에너지가 되기 위한 조건

누구와 논의해야 할까.

재생에너지의 원천은 태양과 바람 같은 지속가능한 자연이다. 대규모 풍력발전단지를 만든다고 해보자. 어느 곳에 만들고, 얼마나 크게 만들 것이며, 이익은 어떻게 나누고 피해와 손해는 어떻게 보상할 것인지 많은 논의가 필요하다. 그 논의에 가장 우선해야 할 사람은 바로 그곳에 살고 있는 주민이다. 적극적인 소통과 갈등 해결 노력 없이 들어서는 재생에너지는 제아무리 친환경이어도 착한 에너지라 볼 수 없다.

어디에 만들까

재생에너지 발전 확대 필요성은 국립공원이나 생태자연도가 높은 보호구역의 규제완화 요구로 드러나기도 한다. 어떤 이들은 에너지 전환과 생태보전의 두 환경 가치의 충돌로 보고 녹색과 녹색의 갈등이라 부르기도 한다. 그러나 재생에너지 확대가 기후위기 대응이라면 유일한 온실가스 흡수원인 우수한 숲을 밀어내고, 생물다양성을 훼손하며 만드는 것이 적절한가. 게다가 보호구역은 보전가치가 높아 훼손 없이 다음 세대에 물려주기로 합의한 곳이란 의미를 잊어서는 안 된다.

누가 사용할 전기일까

전국에서 가장 전기를 많이 쓰는 곳은 단연코 서울과 경기도이다. 역설적이게도 전기 자립도가 가장 낮은 곳도 서울이다. 서울에 필요한 전기의 95%는 해안가 농어촌 지역에서 생산해 장거리 송전으로 공급받고 있다. 서울과 수도권에서 쓸 전기를 이송하기까지는 어느 날 갑자기 들어선 발전소와 송전탑을 감수해야 하는 농어촌 주민들의 희생이 있었다. 전력 사용량이 큰 도시일수록 에너지 자립 방법을 더 고민하고, 재생에너지 확장을 위한 실질적인 노력이 필요하다.

물건 다이어트

모름지기 청소의 시작과 끝은 정리정돈이다. 맘먹고 청소 한 번하고 나면 버릴 것이 잔뜩이다. 평소 내 삶이 얼마나 필요 없는 물건들로 가득 차 있었는지 돌아보게 된다. 그런데 얼마 못 가 또 가득 차버린다. 꼭 이렇게 꽉꽉 채우다 한 번에 다 버려야만 할까. 불필요한 물건을 줄이고 필요한 물건들만 갖춰 살아가면 매일매일 개운하게 대청소한 집에서 사는 기분이 들지 않을까? 미니멀라이프가 별건가. 대청소 싹 하고, 오늘부터 미니멀라이프에 한걸음 다가가보자.

시작하기

정말로 필요한 물건, 소중한 물건만 남기기

반드시 필요하고 꼭 갖고 있어야 하는 물건과 그렇지 않은 것을 우선 분리한다. 있는 줄도 모르고 또 사서 두 개, 세 개인 것들, 사놓고 한 번도 입지 않은 옷들, 산 기억도 가물가물하고 포장조차 뜯지 않은 채 구석에 처박아둔 물건들, 예뻐서 야금야금 사 모아둔 것들과 우리는 이제 과감하게 이별해야 한다. '두면 언젠가 필요하겠지.' 싶은 것들은 서랍 한 칸 정도만 허락하자.

종류별로 정리정돈하기

필요하고 소중한 물건만 남겨도 제대로 정리정돈을 하지 않으면 하나 마나다. 내가 어떤 물건을 갖고 있는지 파악하기 쉽고, 어디에 있는지 찾기 쉽게 종류별로 나눠서 수납하자. 정리를 잘 못한다면, 물품 목록을 작성해두는 것도 도움이 된다.

필요 없는 물건들과 잘 이별하기

나에게 이제 더 이상 필요 없는 물건들과 이별을 잘하는 것도 중요하다. 그냥 버리면 쓰레기지만 다른 쓰임을 생각해보거나, 쓸모를 발견해줄 다른 사람을 찾아볼 수도 있다. 잘 안 쓰는 접시를 화분받침으로 쓸 수도 있고, 안 신는 양말을 찜질팩이나 인형으로 만들기도 하고, 거의 입지 않던 옷이 친구에게는 멋진 선물이 될 수 있으니 말이다.

구매리스트 작성하기

필요한 물건은 계속 생기기 마련이다. 하지만 대부분은 사고 싶은 마음을 먼저 먹고 필요를 찾기 일쑤다. 이제는 필요하다고 바로 사는 게 아니라 구매해야 할 물건 리스트를 적어두고 곰곰이 따져보는 습관을 만들어보자. 다른 물건으로 대체할 수 없는지, 얼마나 자주 혹은 오래 쓸 수 있는지, 지금 꼭 필요한 것인지 등 구매를 마음먹기 전에 몇 단계를 거치면 사고 나서도 쉽게 버리는 일은 없을 것이다.

중고물품 적극 이용하기

중고물품은 새 제품보다 값도 저렴하고, 환경을 위해서도 훨씬 나은 선택이다. 중고라고 품질이 나쁜 게 아니라 그 사람에게 더는 쓸모가 없거나 디자인이 질려서 내놓는 경우가 많아 깨끗한 상품도 많이 구입할 수 있다. 실제로 합리적인 소비를 추구하는 요즘에는 예전보다 중고장터 거래 비율도 상당히 높아졌다고 한다.

사지 말고 대여하기

자주 쓰지 않는 물건이라면 대여하는 것도 미니멀라이프를 실천하는 데 좋은 방법이다. 자치구마다 차이가 있긴 하지만 주민센

터에서 공구를 무료로 대여할 수 있으며, 특별한 날에만 필요한 정장을 대여해주는 사회적 기업도 있다. 차가 필요할 때 공유 차량을 이용하는 카셰어링 서비스도 차를 살 필요 없이 대여하는 시스템이다. 가까운 지인들끼리 공유할 물품을 정해놓고 함께 쓰는 것도 좋은 방법일 것 같다.

미니멀라이프 실전 팁

바로 결제 No! 일단 장바구니까지만

당장 안 사면 안 될 것 같은 마음도 장바구니에 하루만 넣어두면 또 달라진다. 쉽게 사면 그만큼 쉽게 버린다.

행사에 혹해 물건 쟁여두지 않기

하나 사면 하나 더, 사은품 증정 같은 끼워주기 상품은 따지고 보면 엄청난 할인을 받는 것도 아니다. 필요할 때 필요한 만큼만 사야 미니멀라이프의 가벼움을 느낄 수 있다.

습관적 대형마트 출입은 자제

대형마트에 가면 물건이 워낙 다양하다 보니 원래 사려고 했던 것도 아닌데 평소보다 더 많이 장을 봐 오게 된다. 사야 할 물건만 적어서 냉정하게 장을 보는 습관을 들이자.

물건의 한계선을 정해놓기

옷, 가방, 신발 등 유행이나 취향에 따라 과소비가 생기는 물품들은 구입할 한계선을 정해두는 것도 좋다. 예를 들어 옷이라면, 옷걸이를 20개만 두고 20개를 넘어가게 되면 기존의 옷을 버리거나 누군가에게 주어 정리를 하는 식이다. 이렇게 한계선을 둔다면 갖고 싶은 대로 구입하는 습관을 바꾸는 데 도움이 된다.

아무것도 사지 않는 날(Buy Nothing Day)

크리스마스 시즌을 앞두고 폭발하는 소비를 멈추고 내가 하는 소비가 불러일으키는 환경, 노동, 공정거래 등의 문제에 대해 고민하자는 취지로 만들어진 날이다. 미국에서는 추수감사절 이후 금요일을, 국제적으로는 그 다음날을 기념한다. 이 캠페인은 쇼핑을 하기 전 생각해보아야 할 것들을 다음과 같이 제시한다.

- 나는 진정 그것을 원하는가
- 나는 그것이 정말로 필요한가
- 직접 만들 수는 없는가
- 지금 가지고 있는 것들을 수선 또는 재활용할 수 있는가
- 지역에서 생산된 것을 살 수 있는가
- 공정한 무역을 통해 생산된 제품인가
- 그 물건을 다른 이들과 공유할 수 있는가
- 더 나은 도덕상의 대안은 없는가

#2

패션왕의 에코라이프

에코백, 진짜 '에코'백

에코백이란 말은 'I'm not a plastic bag(나는 비닐가방이 아닙니다).'라는 문구를 새겨 만든 영국디자이너 안야 힌드마치(Anya Hindmarch)의 캔버스 천 가방이 유행하면서 생겨났다. 패션쇼에 참석한 모델과 배우들에게 이 가방을 나눠줬고, 그들이 가방을 메고 거리를 활보하는 사진들이 퍼져 비싼 명품 가방을 제치고 이 가방을 드는 게 세계적으로 인기를 끌었다. 동물 가죽이 아니고 재사용이 가능하다는 점에서 친환경적이고 가죽 가방보다 가벼워 실용적이며 일상복에도 잘 어울린다. 환경도 지키면서 패션도 챙길 수 있는 '개념 아이템'으로 재질과 형태, 종류도 다양하다. 문제는, 에코백이 많아도 너무 많다는 것이다. 에코백을 진짜 '에코'백으로 사용하는 방법은 무엇일까?

진짜 에코백 선택하기

- 천연 면이나 캔버스 천 등 천연 소재로 만들어진 것을 선택한다.
- 합성 가죽이나 플라스틱, 천 소재에 가죽이 덧대어지는 것은 피한다.
- 재생 플라스틱을 활용하거나 현수막, 버려진 의류를 가공해 만든 것도 좋다.
- 예쁘고 화려한 디자인보다 화학염료를 덜 쓴 무형광 제품으로 선택한다.

에코백답게 잘 쓰는 법

에코백 안에 에코백

갑작스럽게 물건을 사거나 담아야 할 일이 있을 때 들고 있는 에코백만으로는 공간이 부족할 수 있다. 잘 접히고 구겨짐이 덜한 에코백을 하나 넣어두면 요긴하게 쓸 수 있다.

사무실, 학교에서 함께 쓰기

여러 사람이 생활하는 공간에 잘 안 쓰는 에코백을 모아놓고 함께 쓰면 좋다. 외부 행사가 있거나 물품을 사와야 할 경우 튼튼한 에코백이 매우 유용하다.

에코백 기념품은 이제 그만

이미지 제고에 도움이 돼 많은 기업들이 판촉물로 사용하고 있지만, 이런 제품들이 실제로 사용되는 확률은 극히 낮다. 기업명이나 홍보 문구가 쓰여 있어 활용성이 떨어지기 때문이다. 게다가 공짜로 쉽게 얻었으니 쉽게 버리는 경우도 많다.

1인 1닭 말고, 1인 1에코백

에코백을 만드는 데는 비닐봉투를 만드는 에너지의 약 28배, 종이 쇼핑백의 약 8배의 에너지가 필요하다고 한다. 에코백으로서 이름값을 하려면 최소한 몇백 번에서 몇천 번은 사용해야 한다. 혹시 너무 많은 에코백을 갖고 있지는 않은가? 예쁘다고 에코백을 모으고 있진 않은가? 필요한 한두 개 정도만 가지고 잘 세탁해서 오래오래 쓰자.

에코백을 마스터했다면

다회용 주머니, 밀폐 용기

장 볼 때 투명 비닐을 대신해 각각의 물건을 담을 주머니를 준비해보자. 넓은 것, 중간 것, 작은 것, 길쭉한 것 등 크기별로 용도를 나눠 준비해두면 물기가 있는 냉동식품을 비닐로 재포장하지 않아도 되고 채소나 과일 등을 나누어 담기에도 좋다. 반찬이나 전 등은 보통 무게로 판매하기 때문에 밀폐 용기에 담으면 편하다. 비닐봉투에 담았을 때 다시 집에서 다른 용기에 옮겨야 하는 수고로움도 덜 수 있다.

우리 동네서도 장바구니 공유 서비스를

편의점이나 마트, 시장에서 비닐봉투 대신 에코백 또는 장바구니, 종이 봉투를 모아 대여해주는 시도가 점점 늘어나고 있다. 2019년 가을, 제주 애월읍에 있는 CU편의점 27곳은 캠페인을 벌여 편의점을 찾은 고객들에게 무상으로 에코백을 대여하고 동참하는 편의점 어디든 반납할 수 있도록 했다. 광주광역시는 동네 슈퍼마켓을 대상으로 공유 장바구니 상자를 제작해 보급했는데, 공유 장바구니 상자에 천으로 만든 장바구니들을 놓아두고 소비자들이 무료로 이용한 뒤 다시 공유 장바구니 보관함에 가져다 두는 방식으로 운영된다. 비닐봉투 사용 줄이기 운동을 하는 시민모임 '알맹'은 장바구니를 기부받아 서울 마포구 망원시장에서 장바구니를 대여하도록 돕는 활동을 한다. 장바구니가 회수되지 않는 경우가 많고 시범사업으로 그친 곳도 많지만 동네 곳곳에서 하나둘 시작해본다면 넘쳐나는 에코백을 줄이고 비닐봉투를 대신하도록 노력하는 움직임이 조금씩 자리 잡아갈 수 있을 것이다.

생리대에도 변화가 필요해

마음도 꾸물꾸물하고, 아랫배가 묵직하다. 얼굴도 푸석하고 약간 부은 것 같다. 생리를 하려나 싶은 생각에 "저 오늘 생리휴가 쓸게요."라고 회사에 공유한다. 뭔가 어색하다고? 그렇다. 우리는 보통 '생리'를 '생리'라고 말하지 않는다. '그날', '마법' 등 모호한 표현으로 마치 암호를 쓰듯 말한다. 특히 남성들과 같이 있는 자리에서 '생리'라는 단어는 금기어 같다. 그래서일까? 생리대를 둘러싼 비용과 안전 문제가 이슈화된 것은 고작 최근 몇 년 사이의 일이다. 여성의 거의 대부분이 평생을 걸쳐 달마다 경험하는, 여성의 삶에 아주 밀접한 물건임에도 말이다. 이제는 정확하고 꼼꼼하게 따져보자. 생리. 아니 월경, 어떻게 달마다 안전하게 마주할지 말이다.

일회용 생리대, 안전할까?

2017년 이른바 '생리대 파동'이 있었다. 온라인 커뮤니티를 중심으로 일부 생리대에 부작용이 있다는 의혹이 제기되었고, 여성환경연대가 국내 생리대 10종에서 인체에 유해한 휘발성유기화합물 등 유해물질 22종이 검출됐다고 밝히면서, 생리대 속 유해물질이 인체에 흡수될 수 있다는 불안감이 커졌다. 이후 식약처는 국산 생리대의 휘발성유기화합물 검출량은 소량으로 위해 우려 수준이 아니라는 검사 결과를 내놓았지만, 소량이라고 해서 과연 안심할 수 있는 것인지 일회용 생리대의 안전성 문제는 여전히 질문으로 남아 있다.

전 성분 없는 전 성분 표시제

그나마 생리대 안전성 논란 이후 2018년 10월부터 생리대 전 성분 표시제가 시행되어 생리대에 어떤 물질이 들어갔는지 확인할 수 있게 되었다. 그러나 품목신고서에 들어간 성분에 한해 표시하기 때문에 판매·제조 업체가 허위로 기재하면 소비자가 이를 확인할 방법이 없고 용어 자체가 소비자가 알 수 없는 화학용어로 표기되어 있다는 점, 유해화학물질이 포함될 수 있는 향료 및 고분자흡수체에 대한 표기 의무는 없다는 점 등에서 보완이 필요하다.

생리대 안전성에 대한 높아진 관심으로 유기농, 친환경 생리대 제품들도 늘어났다. 국내 유통되고 있는 생리대 제품들의 겉포장을 살펴보면 유기농 순면커버, 무표백, 인증마크 등 제품별로 유기농임을 강조하고 있지만 일부에 사용한 것을 완제품이 유기농 면인 것처럼 패키지에 표기하는 경우들이 많다. 때문에 인증마크와 성분을 조금 더 꼼꼼하게 살펴보고 제품을 선택해야 한다. 안전을 위해 유기농 생리대를 찾고 있다면 표지나 일부에만 순면을 사용하고 있는 것은 아닌지, 공신력 있는 기관에서 유기농 인증을 받았는지, 성분에 향료 성분은 없는지, 고분자흡수체(SAP) 성분이 들어가지 않았는지 등을 잘 살펴보아야 한다.

내 몸에도, 지구에도 안전한 생리대

40년 동안 평균 1만 4,000개. 여성 한 명이 평생 사용하는 일회용 생리대 개수를 어림잡은 수치다. 그만큼 비용도 많이 든다. 우리나라 평균 생리대 가격은 개당 331원으로 OECD 가입국 중에 가장 비싸다(자료: 2019년 한국소비자평가원, 일본·미국 181원, 덴마크 156원). 안전성과 비용, 환경에 끼치는 영향까지 생각하면 다른 해답을 찾게 된다. 이미 안전하고 여러 번 사용할 수 있는 다양한 생리대들이 소개되고 있지만 일상에서 만나기는 쉽지 않다. 마트 한편에 참 많이도 진열되어 있는 일회용 생리대. 그 한 코너에 대안 월경용품들도 자리를 차지할 수 있으면 더 많은 이들이 몸을 위한 선택, 지구를 위한 선택을 하는 데 도움이 될 것이다.

면 생리대

도안을 활용해 직접 만들 수 있고, 만들어진 면 생리대를 크기별로 구입해 사용할 수도 있다. 계속 세탁해 쓸 수 있고 화학성분이 없어 염증 발생 우려가 적다. 찬물에 담가 생리혈을 뺀 후, 비누로 손빨래하거나 속옷망에 넣어 세탁기에 돌리면 된다.

생리 팬티

약간의 방수 기능 정도만 있던 '위생 팬티'와 달리 생리혈을 흡수하는 패드가 팬티에 부착되어 있는 형태다. 세탁 방법은 면 생리대와 같지만, 대부분의 제품은 면 생리대처럼 삶아서는 안 된다. 흡수층이 두꺼워 자연건조하는 데 시간이 많이 걸린다.

생리컵

의료용 실리콘으로 만들어진 제품으로 질 내부에 삽입해서 사용한다. 질 내부에서 '컵'에 혈을 담는 구조라서 움직임이 편하고, 찝찝함이 없어 여름에 더 좋다. 삽입해봐야 자신에게 맞는 월경컵을 찾을 수 있기 때문에 진입장벽이 높다는 단점도 있다. 또 질염이나 질 내부 염증이 있는 사람은 쓰지 않는 것이 좋다.

진짜 비건 화장품을 찾아서

비건 화장품(Vegan cosmetic)은 재료나 제조과정에서 동물성 성분이 포함되지 않고, 동물실험을 하지 않은 화장품을 말한다. 몇 년 전 우리 몸에 쌓이는 유해물질, 바디버든이 사회 이슈가 되면서 화장품도 예외 없이 성분을 꼼꼼히 따져보는 이들이 늘어났다. 최근 채식지향과 비건이 중요한 소비 트렌드로 떠오르면서 화장품을 선택하는 기준에 윤리성과 환경성이 더해졌다. 화학성분 검토가 내 피부고민이나 인체 유해성 우려로 살피는 것이 목적이었다면 동물성 성분 검토는 나의 가치와 취향이라는 것이 다르다.

동물권에 관심을 둔 이들이 비건 화장품을 선택할 때 고려해야 할 사항은 무엇일까?

비건 화장품에 대한 오해와 진실

비건 화장품 ≠ 천연 화장품

비건 화장품은 어떤 동물성 성분도 포함하지 않는 제품이다. 천연 화장품의 천연유래성분(derived from natural sources)은 사람들이 식물성으로 가장 오해하기 쉬운 표기로, 이는 '자연에서 온 동물성' 성분일 수 있다.

참고로 천연 화장품은 식품안전처에서 정한 기준으로 천연 함량이 전체 함량의 95%가 되어야 한다. 또 유기농 화장품은 유기농 함량이 제품의 10% 이상이고, 이를 포함한 천연 함량이 95% 이상이어야 한다.

비건 화장품 ≠ 피부의 안전성

동물유래성분이 배제된 것이지 화학합성물질이 배제된 것은 아니다. 피부 고민을 해소한 대안이 아니니 내 피부에 맞지 않는 성분은 검토가 필요하다. 또 식물유래성분이 더 포함되었다고 해서 동물성 성분보다 더 피부에 좋다는 의미도 아니니 오해하지 말자.

의외의 동물성 성분들

마유나 달팽이점액추출물처럼 이름에서 동물성 원료임이 드러나기도 하지만 이름만으로 알 수 없는 성분들이 있다. 또 동물성으로 알려져 실제 합성화합물로 사용하는 원료도 있다.

- 스쿠알렌(squalene/squalane): 상어의 간유에서 추출한 것으로 알려진 동물성 성분이다. 그러나 올리브 오일이나 팜유에서도 얻을 수 있어 어디에서 유래되었는지 확인이 필요하다.
- 밀랍(beeswax), 프로폴리스(propolis): 꿀과 마찬가지로 동물성 성분으로 분류한다. 밀랍은 립밤에, 프로폴리스는 항균원료로 사용한다.
- 누에고치 추출물: 누에고치에서 추출한 단백질도 동물성이다.
- 라놀린(lanolin): 양털에서 추출한 지방성분으로 정제하여 보습 재료로 활용한다.
- 케라틴 (keratin): 동물의 손톱, 털, 뿔 등에서 파생된 단백질 성분이다.
- 락트알부민(lactalbumin): 동물의 젖에서 추출한 성분이다.
- 카민 (carmine): 붉은 색깔을 내고, 연지벌레에서 추출한다.
- 구아닌 (guanine): 물고기의 비늘에서 추출하고, 색조화장품에서 진주빛 색상을 낼 때 쓰인다.
- 콜라겐(collagen), 히알루론산(hyaluronic acid): 화학합성물질이 주로 쓰이나 동물에서 유래한 것도 있으니 확인이 필요하다.

불법인데 불법 아닌 화장품 동물실험

우리나라는 2018년에 화장품법에 의해 동물실험을 실시한 화장

cruelty free

NOT TESTED ON ANIMALS

품 제조, 유통, 판매가 금지되었다. 그런데 어떻게 화장품 동물실험이 여전히 지속될 수 있을까. 불법이 횡행하는 것이 아니라 합법적인 예외 조항 때문이다. 화장품을 수출할 경우 수출국의 법령에 따라 동물실험이 필요한 경우는 동물실험을 할 수 있다. 동물실험을 의무화하고 있는 중국에 화장품을 수출하려면 우리나라 브랜드라도 동물실험을 해야만 한다. 우리나라 화장품 수출국 1위는 바로 중국이다. 해외 브랜드 중에서는 동물실험때문에 중국진출 포기를 선언한 곳도 있다. 국제적인 비난 여론으로 관련 법조항 폐지를 검토한다는 이야기가 돌고 있으나 중국 정부의 명확한 입장 발표는 아직 없다.

국회의원 남인순 의원실에서 최근 발표한 자료에 따르면 지난 2019년 화장품 동물실험으로 희생된 동물수는 2,447마리나 된다. 해마다 수가 줄고 있고, 전년도보다 40%가 줄어든 것을 그나마 다행이라고 해야 할까. 화장품 동물실험 위반 시 과태료가 겨우 100만 원에 불과해 생명윤리에 어긋난다는 주장도 있다.

화장도구, 메이크업 브러시도 Cruelty-Free

동물 털로 만든 천연모가 부드럽고 발색이 잘 된다는 이유로 여전히 인기가 높다. 브러시 쓰임에 따라 청설모, 다람쥐, 염소, 말의 털이 많이 쓰인다. 부드러움은 조금 덜하더라도 내구성이 높고, 관리도 편한 인조모 브러시를 선택해 비건 화장대를 만들어보자.

비건 화장품 인증

비윤리적인 동물실험에 반대하기 위해 설립된 단체 중에 비건 인증을 부여하는 곳들이 있다. 대표적인 곳이 영국 비건협회 비건 소사이어티(The Vegan Society), 미국 동물보호권리단체(PETA), 북미 8개 동물보호단체가 함께 만든 리핑 버니(Leaping Bunny) 등이다. PETA와 리핑 버니 인증마크 모델이 모두 토끼인데, 화장품 동물실험에 토끼가 가장 많이 희생되고 있기 때문이다.

국내에서는 2019년 한국비건인증원에서 비건 인증을 실행하기 시작했다. 화장품 외에 식품과 생활용품에 이르기까지 비건 인증을 하고 있고, 홈페이지에서 인증제품과 브랜드를 확인할 수 있다. (vegan-korea.com)

우리나라 동물권단체 동물해방물결이 공개한 낫 크루얼티 프리(Not Cruelty-Free) 화장품 브랜드 리스트는 깜짝 놀랄 수준이다. 이렇게 익숙한 많은 기업들이 어떤 이유로든 동물실험에 참여하고 있다. (http://naver.me/I5S7WNvt)

재활용 안 되는 예쁜 쓰레기, 화장품 용기

화장품 용기의 90%는 재활용이 어려운 대표적인 복합 재질이다. 게다가 펌프형, 팩트형, 스틱형, 튜브형 등 복잡한 구조, 내용물 잔존, 다양한 첨가제 사용으로 재활용이 어렵다. 게다가 크림이나 에멀전 용기로 자주 쓰이는 유백색 유리는 재활용을 기대하며 분리배출하지만 실제 재활용되지 않는다. 플라스틱 재질 사용률도 높다. 화장품 용기의 재활용률을 높이기 위해서는 재활용 재질로의 전환, 재질의 단일화, 재생 용기 사용이 필요하다.

나와 산호를 지키는
자외선차단제 사용법

기후변화로 해마다 기록을 갱신하는 여름 폭염. 더운 여름에는 어느 때보다 자외선차단제를 많이 사용하게 된다. 그런데 태평양 최대 휴양지 하와이에서는 2021년부터 옥시벤존과 옥티녹세이트라는 성분이 든 자외선차단제 판매를 주법안으로 금지하기로 했다고 한다. 보다 앞서 이와 비슷한 정책을 시행한 팔라우 공화국은 더 강력한 규제로 자외선차단제의 더 많은 성분들을 금지 물질로 규정하여 사용, 수입, 판매를 금지했다. 실제 입국 시 반입이 금지된다. 자외선차단제, 뭐가 문제길래 이런 법까지 만들게 되었을까?

자외선차단제 때문에 산호가 죽는다고?

산호. 이름만으로도 에메랄드빛 남태평양의 낭만 가득한 바다가 떠오른다. 꽃이나 나뭇가지 같은 아름다운 생김새 때문에 산호초로 불리는 까닭에 식물로 오해하는 이가 제법 많다. 그러나 산호는 해초보다는 말미잘에 가깝다. 촉수로 작은 먹이를 잡아먹고, 소화기관을 갖춘 동물이다.

문제가 되는 옥시벤존과 옥티녹세이트는 3,500개가 넘는 자외선 차단 제품에 들어갈 정도로 널리 사용되는 성분이다. 이들은 유해한 자외선을 흡수하여 피부가 손상되는 것을 막아주지만 자외선차단제를 바른 사람들이 해수욕을 즐기는 동안 물에 씻겨나가 이 산호 성장에 영향을 줘 하얗게 만드는 백화현상을 발생시키고, 다른 해양 생물에 유전적 손상을 일으킬 수 있다는 연구 결과가 발표되었다.

자외선차단제의 특정 성분이 산호에게 얼마나 유해한지는 논란이 될 수 있고, 더 많은 연구가 필요하다. 다만 하와이와 팔라우의 자외선차단제 성분의 법적 금지 조치가 의미 있는 이유는 생태계 훼손의 문제를 돌이킬 수 없는 위험으로 보고 사전예방의 원칙에 따랐다는 점이다. 화학물질의 유해성을 사람 중심으로 판단하는 것을 넘어서 생태영향까지 고려함으로써 생물 다양성을 지키고자 노력했다는 점 또한 깊게 생각해볼 만한 일이다.

팔라우에서 금지한 자외선차단제 화학물질

내가 사용하는 자외선차단제는 어떨까 궁금하다면 다음 성분들

을 참고하여 비교해보자.

- 옥시벤존(oxybenzone)
  - 벤조페논-3(benzophenone-3)
- 옥티녹세이트(octinoxate): 세 가지 이름으로 불림
  - 옥틸 메톡시신나메이트(octyl methoxycinnamate, OMC)
  - 에틸헥실 메톡시신나메이트(ethylhexyl methoxycinnamate)
  - 옥토크릴렌(octocrylene)
- 에틸 파라벤(ethyl paraben)
- 부틸 파라벤(butyl paraben)
- 4-메틸 벤질리덴 캠퍼(4-methyl-benzylidene camphor)
- 벤질 파라벤(benzyl paraben)
- 트리클로산(triclosan)
- 메틸 파라벤(methyl paraben)
- 페녹시에탄올(phenoxyethanol)

산호를 지키는 자외선차단제 사용법

무기자차 사용하기

문제가 된 자외선차단제 성분은 모두 화학적 자외선차단제(유기자차)에 들어가는 성분이다. 물리적인 자외선차단제는 모두 이산화티타늄이나 산화아연 같은 광물 성분이 포함되어 피부 표면에 보호막을 형성해 자외선을 차단한다. 이 두 성분을 꼭 확인하자.

최근에는 산호에 안전하다는 의미로 리프 세이프(Reef-Safe) 표시를 용기에 표기하기도 한다. 또한 입자가 나노미터보다 작을 경우 산호의 몸 속으로 들어가 영향을 미칠 수 있으니 '논-나노(Non-nano)'로 표기하여 해양생태보호 노력을 담기도 한다.

스프레이 형태는 피하기

자외선 차단을 위한 스프레이형 제품은 분사하는 중에 날아가 흩어지는 유실량도 많다. 해변에서 사용할 경우 바다로 흘러들어가는 양이 더 클 수밖에 없다.

BB크림, CC크림 등 자외선 차단 기능이 있는 화장품도 살피기

자외선 차단 성분은 밤, 크림, 에멀전, 리퀴드, 파우더 등으로 다양하게 가공된다. 기초화장품처럼 일상에서 사용하는 파운데이션뿐만 아니라 립스틱이나 마스카라, 샴푸까지 자외선 차단 성분이 쓰인다. 보통 비비크림 같은 색조화장품의 경우 유기자차와 무기자차 성분이 혼합되어 사용되므로 하와이나 팔라우를 방문할 경우 유입 금지 성분이 있는지 꼼꼼히 살피자.

자외선을 차단할 수 있는 다양한 방법

씻어 흘려보내는 형태의 자외선차단제를 덜 쓰는 것이 해양 생태계를 지키는 가장 좋은 방법이다. 해변에서는 래시가드와 워

터래깅스 등을 활용하고, 일상에서는 양산, 모자, 그늘막 등이 대안이 될 수 있다.

다재다능한 손수건

'닦토'란 닦아 쓰는 토너의 줄임말이다. 토너를 화장솜에 덜어내 닦아서 쓰는 사람이 그만큼 많으니 이런 말도 생겨났구나 싶다. 물티슈도 언제부터인지 모르겠지만 이제는 거의 일상 생활 용품이다. 이렇게 휴지는 일상에서 손쉽게 쓰고 버리는 쓰레기다. 이물질이 묻었으므로 당연히 재활용도 할 수 없다. 애초에 휴지가 아니라 여러 번 다시 쓸 수 있는 물건이 있는데, 바로 수건이다. 손수건, 걸레, 행주 그 용도에 따라 이름은 다르지만 굳이 휴지를 쓰지 않고 수건을 빨아 쓰는 방식으로 사용해왔다. 그런데 이제는 행주도 걸레도 한 번 쓰고 버리는 제품이 오히려 더 많아졌다. 점점 잃어가고 있는 수건의 자리, 다시 돌려줄 때가 됐다.

휴지

70미터 두루마리 휴지 하나는 220g의 펄프로 만들어진다. 보통 한 팩에 24롤 정도의 휴지가 들어있는데, 이는 대략 나무 한 그루의 펄프이다. 이런 계산법에 따르면 한 사람은 1년에 몇 그루의 나무를 휴지로 쓰고 있는 걸까? 게다가 휴지를 새하얗게 만들기 위해 형광증백제나 포름알데히드라는 화학약품 등 화학처리를 하는데, 여린 피부에 접촉하면 피부질환을 유발할 수 있으며 입 주변을 닦을 때 체내로 들어갈 수도 있다. 화학적인 처리로 인한 유해성분뿐 아니라 미세먼지도 많아 호흡기를 통해 체내에 흡수됐을 때 좋지 않은 영향을 줄 수 있다. 이러한 물질을 소각이나 매립하게 된다면 대기오염과 토양오염으로 이어질 수 있다. 이런 문제들로 우유팩을 재활용하거나 밀짚이나 대나무로 만든 휴지도 있으니, 꼭 휴지를 써야 한다면 대안으로 시도해보자.

물티슈

한국보건산업진흥원에 따르면 대한민국 성인은 한 달 평균 60회 이상 물티슈를 사용한다. 이름은 티슈이지만 사실 물티슈는 플라스틱이다. 거의 대부분의 물티슈에는 합성섬유 '폴리에스테르'가 들어 있고 물기를 오랜 시간 유지하기 위해 여러 화학성분이 함유되어 있다. 빨대보다 플라스틱이 더 많이 함유된 물티슈이지만 정작 일회용품으로 지정되어 있지는 않다. 물티슈를 휴지로 생각하고 변기에 버리는 일이 많아 하수관 막힘의 주요 원인이 되기도 한다. 생분해가 잘되는 재질의 물티슈라도 변기를 통해 하수처리장으로 가는 동안에는 분해가 일어나지 않기 때문에 모든 종류의 물티슈는 변기에 버리면 안 된다.

슬기로운 손수건 사용법

- 깨끗이 손을 씻고 핸드 드라이어나 종이 타월이 아닌 손수건 쓰기.
- 식사 후 휴지로 된 냅킨 대신 손수건 쓰기.
- 부엌에서는 키친타월 대신 수건이나 마른 행주 사용하기.
- 간편하지만 화학성분에 노출되기 쉬운 물티슈는 꼭 필요한 정도로 사용빈도와 용도를 정하기.
- 도시락 쌀 때 지퍼백 대신 손수건을 활용하면 그대로 펼쳐서 밥상보로 활용 만점!
- 유기농 면이나 대나무 소재를 이용해 만든 면 화장솜으로 빨아서 다시 쓰기. 면 화장솜은 일반 솜보다 부드러워 피부에 닿을 때 주는 자극도 덜하다.
- 파우치에 작은 손수건을 여러 장 넣어서 가지고 다니면 필요한 순간을 놓치지 않고 위생적으로 보관도 가능하다.
- 종이 컵홀더 대신 손수건으로 감싸 쥐면 찬 음료도, 따뜻한 음료도 만사 오케이.

패션왕의 에코라이프

- 선물을 포장할 때 손수건으로 싸면 포장까지도 선물이 된다.

- 벤치나 돌로 된 의자에 손수건을 깔고 앉거나, 머리가 거추장
스러울 때 손수건을 머리끈으로 대신할 수 있고, 추울 때 목에
두르거나 가방에 묶어 장식으로도 사용 가능하다. 만능 아이
템 손수건, 오늘부터는 외출할 때 꼭 챙겨보자!

멋짐 폭발 비건 패션

밍크코트 한 벌을 만들기 위해서 적게는 50마리, 많게는 60마리의 밍크를 죽여야 한다. '다운'은 조류의 가슴에 국한된 속털을 의미한다. 거위 한 마리에서 뽑을 수 있는 이 속털의 양은 20g이 채 안 된다. 우리가 겨울에 입는 패딩에 600g의 구스 다운이 들어갔다면 30마리의 거위가 희생된 것이다.

수십 마리의 동물을 착취해 한 벌의 옷을 만드는 것은 부당하다. 이에 구찌와 지미추, 톰 포드 등의 명품 브랜드들은 모피 사용을 2016년부터 중단했고 런던 패션위크에서는 2018년부터 모피로 만든 옷이 패션쇼에 오르지 못하도록 막았다. 영국을 시작으로 오스트리아, 덴마크, 체코, 노르웨이 등의 국가가 모피 생산 자체를 금지했고 미국 로스엔젤레스 시의회는 모피 생산뿐만 아니라 판매 자체를 금지하는 조례안을 2018년에 통과시켰다.

동물을 착취한 그 어떤 것도 거부한다! 가죽, 모피, 울 등의 동물성 소재를 사용하거나, 생산 과정에서 동물을 학대하는 옷을 입지 않기로 했다면? 어떤 대안이 있을까?

입는 채식, 고통 없는 비건 패션!

비건 가죽

인류의 피복 역사와 함께한 가장 오래된 재료는 단연 동물의 가죽일 테다. 가죽은 동물을 죽여야만 취할 수 있다. 하지만 파인애플이나 선인장으로 만든 가죽은 동물을 착취하지 않을 뿐만 아니라 석유 화합물로 만드는 합성피혁도 아닌 이른바 천연 소재의 비건 가죽이다. 한국에서는 한지로 만든 가죽 하운지가 개발되기도 했다. 가죽 자체의 원료를 바꾼 셈인데, '가죽'이라는 표현도 사라지기를 기대해 본다.

페이크 퍼·에코 퍼

동물의 가죽과 함께 많이 쓰이는 것은 동물의 털이다. 밍크, 여우, 토끼 등의 털로 만든 모피는 세계 곳곳에서 금지되고 있다. 하지만 모피의 보온성과 디자인을 구현하기 위해 폴리에스테르 등 합성섬유로 만든 페이크 퍼를 선택할 수 있다. 단, 석유 화합물을 가공해 만든 이 옷은 결국 생산과 유통 과정에서 환경을 해칠 수 있다. 직접적으로 동물을 죽이지는 않지만 결과적으로 지구를 오염시킬 수 있는 아이러니한 제품이다.

식물성 섬유로 짠 옷

굳이 동물을 착취해 만들어낸 옷을 고집할 필요는 전혀 없다. 양의 털인 램스울과 메리노, 산양 털인 캐시미어, 누에고치의 실크 등 동물털로 짠 섬유 대신 식물성 섬유로 만든 옷을 입자. 인류는 아주 오래전부터 식물로부터 섬유를 만들어 직물을 짜고 옷을 지어 입는 기술을 개발해 발전시켜 왔다. 면과 마가 대표적이다.

오래, 다시 입기

아무리 천연 소재로 만들어진 옷일지라도 대량생산 과정과 운송 과정에서 탄소 배출이 일어난다는 것을 간과해선 안 된다. 무엇보다 우리는 한 번 만들어진 옷을 오래 입어야 하고 쉽게 버리지 않아야 한다는 걸 명심해야 한다. 이미 있는 구스 다운 패딩을 버리지는 말자. 대신 10년 이상 입을 수 있게 잘 관리해보면 어떨까?

완벽하지 않아도 괜찮아

완벽한 비건 패션은 존재하지 않을지도 모른다. 하지만 우리는 동물 착취를 최소화할 수 있는 방법을 찾아야 하고, 그 방법을 소비의 기준으로 세울 수 있다. 일례로, 파타고니아는 살아있는 거위나 오리의 털을 뽑지 않고 농장에 떨어진 털이나 죽은 개체의 털을 사용한다. 뿐만 아니라 원자재의 공급처를 철저하게 관리하고 공개하면서 동물복지의 원칙을 지키려 애쓴다.

동물복지단체 포포츠는 동물복지 원칙을 철저하게 지키는 세계 주요 브랜드를 평가해 순위를 매겨 공개했다. 1위는 피엘라벤, 2위는 파타고니아, 3위는 마운틴 이큅먼트, 4위는 노스페이스와 도이러가 차지했다. 이들은 동물 털을 쓰기 때문에 비건 패션의 범주에 들어가지는 않지만 이런 브랜드의 가치를 높게 평가해 이들이 애써 지키는 기준을 패션산업의 표준으로 만들 수 있는 것은 다름아닌 우리 소비자다. 우리가 까다로운 기준을 가지고 옷을 고르다 보면 언젠가 "옛날엔 살아있는 동물로 옷을 만들었다고?"라며 놀라는 시대가 열리지 않을까?

패스트(fast) 패션은
패스트(past)로

우리가 '패션'이라는 카테고리에 넣는 공산품은 이제 해마다 천억 개 이상 만들어지는데 이들 중 무려 3분의 2가 옷장이 아닌 쓰레기장으로 직행한다. 이렇게 버려지는 옷과 신발들을 무게로만 따지면 4,000만 톤이나 된다. 패션 산업이 배출하는 온실가스의 양은 전체의 10%. 엘런 맥아더 재단은 패션업계가 국제 항공과 해운 산업을 합친 것보다 더 많은 이산화탄소를 내뿜는다고 지적하며 패션 사업이 얼마나 환경에 악영향을 미치는지 지적한 바 있다.

한 해에 7억 벌이나 되는 옷과 신발이 착용되지도 않은 채 버려진다. 미스터리다. 이렇게 많은 옷이 만들어지고 버려지는데, 왜 내 옷장은 열 때마다 입을 옷이 없는 걸까. 방금 쇼핑을 마치고 돌아와 옷장 정리를 하는데 새로 산 옷과 비슷한 아이템이 옷장

속에서 발견되는가. 어쩌다 옷장 정리를 할 때면 한 번도 입지 않은 옷은 물론이고, 몇 번 입지 않았는데도 마감이 풀어지고 보풀이 심해 버리고 싶은 옷도 있다. '싼 게 비지떡이네!'와 '가성비 좋다. 득템!'의 사이에서 끊임없이 갈팡질팡해온 나.

도대체 그 많은 옷들은 어디서 어떻게 만들어지는 것이며 우리는 대체 어떤 소비를 하고 있냐는 질문을 던지게 된다. 나는 왜 이렇게 옷을 사는 걸까?

유행따라 사고 버리는 패스트 패션

팬톤컬러

팬톤컬러는 매년 12월 다음 해에 유행할 화장품이나 의류의 색을 미리 정해 발표하는데, 실제로 이듬해 생산되는 많은 화장품이나 옷과 신발에 이 팬톤컬러가 적용된다. 새로운 색이 정해지면 수많은 매체에서 그 소식을 뉴스처럼 전하고 많은 브랜드에서 이들이 정한 색을 사용해 '신상'을 내놓는다. 그렇게 한 해가 지나면 그 색은 묵은 색, 오래된 색, 유행 지난 색, 언제적 색이 된다.

계절 옷의 유행

롱패딩이 유행했다가 숏패딩이 유행했다가, 유행은 돌고 돈다. 2018년 동계올림픽 로고가 새겨진 공식 기념 롱패딩은 품귀현상까지 겪었으나 이제 그 옷을 입고 다니는 사람을 볼 수 없다. 이런 유행 주기는 한 계절을 채 넘기지 않는다. 어렵게 구한 옷인데 유행이 지나니 촌스럽다. 이렇게 더 이상 소비자가 찾지 않는 옷들은 재고로 쌓이는데 '재고 파괴'로 인한 논란도 있다. H&M은 청바지 약 5만 벌에 해당하는 19톤의 재고를 소각한 것이 탄로나 비난받았다.

유행 타지 않는 디자인의 역설

스파 브랜드의 옷들은 유행에 크게 관계없이 기본적인 디자인의 옷을 저렴한 가격으로 판매한다. 하지만 오히려 유행 타지 않는다는 특징과 저렴한 가격이 과잉 소비와 과잉 생산을 만들어낸다. 쉽게 사면 쉽게 버린다. 빨리, 많이 생산돼 순식간에 팔렸다가 한 철 착용되고 버려지는 의류는 일회용품이나 다름없다.

일회용품만큼 환경에 해롭다고?

패스트 패션 브랜드에서 값싸게 구매한 옷, 찰랑찰랑 착용감이 좋고 오염에도 강해 가성비가 좋다고 생각했지만 전문가들의 연구는 충격적이다. 의류 브랜드들은 저마다 생산 단가를 낮추기 위해 나일론이나 아크릴 등의 석유 화합물로 만드는 합성섬유를 주로 이용한다. 이런 옷들이 땅에 묻히면 분해되기까지 길게는 수백 년이 걸리고 이 과정에서 빠져나온 화학물질이 토양과 지하수에 스며든다. 매립지에 묻힌 옷들이 썩는 과정은 730만 대의 자동차가 도로에서 내뿜는 것과 비슷한 양의 온실가스를 배출한다.

이런 합성섬유로 만들어진 옷을 한 번 세탁할 때 70만 개 이상의 미세섬유가 떨어져 나온다. 세계자연보전연맹(IUCN)은 미세플라스틱으로 인한 오염의 약 35%가 이런 합성섬유(폴리에스테르, 아크릴 등)로 만들어진 의류를 세탁할 때 발생한다고 밝혔다. 이에 미국 캘리포니아에서는 합성섬유 라벨에 '미세섬유가 떨어져 나온다'고 표시할 것을 의무화하는 법안이 논의 중이라고 한다. 라벨에 표시되어 있다면 최소한 환경을 파괴하는 제품을 선택하지 않을 가능성이 더 커지는 것이라 국내, 아니 전 세계 도입이 시급하다.

다큐멘터리 〈패션의 더러운 비밀(Fashion's Dirty Secrets)〉에서는 패션 산업이 전 세계 상위 5가지 오염 산업 중 석유 산업 다음인 2위를 차지했다고 말한다. 청바지 한 벌을 만들기 위해 필요한 물이 약 1만 5,000L라니, 내 옷장에 가득 찬 옷들을 만들기 위해 얼마나 많은 물이 쓰였을까를 생각하면 패스트 패션 브랜드에서 이제 발길을 돌려야 하겠다.

지속가능한 패션을 위한 노력

가능하면 기본 아이템을

발목에 밴드가 들어간 조거 팬츠와 단순한 면바지 중에서 무엇을 사야 할까? 면바지를 추천한다. 앞서 말한 조거 팬츠는 언제 유행이 지나 못 입게 될지 모를 일회용품이나 다름없을지도 모르니까. 오랜 시간 디자인 변경 없이 하나의 아이템을 지키고 있는 브랜드를 찾아보자. 유행과 관계없이 오래 입을 수 있는 옷과 신발을 살 수 있다.

환경을 위한 철학이 있는 브랜드를 이용하기

어떤 브랜드는 자사의 옷을 구매하지 말라는 광고를 일부러 하거나 '덜 사고 더 많은 것을 요구하라(Buy Less, Demand More).'는 캠페인을 하기도 한다. 폐기되는 옷들을 원료로 쓰거나 비닐 포장을 하지 않는 브랜드도 있다. 이들은 기업으로서 이윤을 남기는 것만큼 환경에 관한한 자신들이 끼치는 영향을 중요하게 여긴다.

오래 입을 수 있는 재질, 고쳐 입는다는 다짐과 함께 구매하기

어떤 브랜드에서 나오는 운동화들은 심지어 세탁조차 할 수 없는 재질로 만들어져 오염되거나 세탁하면 버릴 수밖에 없는 경우도 있다. 되도록 이런 브랜드에서 시선을 떼고 더 오래, 더 많이, 더 튼튼하게 입고 신을 수 있는 제품들을 만드는 브랜드를 택해야 한다.

가능한 온라인 쇼핑몰보다는 매장에서 직접 입어보고 구매하기

온라인에서 의류를 구매하다 보면 사이즈가 안 맞거나 컴퓨터 화면과 색깔이 달라서 당황했던 적 누구나 있을 것이다. 저렴한 제품을 구매했다면 반품하고 교환하는 과정이 번거로울 뿐더러 왕복 택배비를 부담해야 하는데 은근히 귀찮은 일이라 이렇게 후기를 남기고 마음을 접는다. '교환 귀찮아서 그냥 입어요.' 가능한 좋은 재질의 옷을 몇 벌 장만한다는 생각으로 매장에서 직접 입어보고 사자. 그러면 실패할 확률도 적고 바로 수선도 할 수 있으니 맵시도 살릴 수 있다.

보물을 발굴하듯 빈티지숍이나 중고 가게에 가보기

새 옷만이 전부가 아니다. 누군가가 싫증나 버린 옷이 나에게 보물 같은 옷일 수 있다. 한 가지 옷 오래 입기를 혼자 할 게 아니라 우리 모두가 함께한다는 생각으로 중고 옷을 찾아보자. 내가 입지 않는 옷도 마찬가지로 버리지 않고 중고 가게나 '아름다운 가게'에 되팔고 기증하는 습관도 중요하다.

'오늘의 코디'나 'Smart Closet' 어플은 내 옷장 속 아이템들을 기록하고 코디해볼 수 있게 돕는 어플이다. 이렇게 내 모든 옷들을 저장해두면 비슷한 옷을 실수로 구매하지 않을 수 있고, 필요한 기본 아이템을 미리 파악할 수 있다는 장점이 있다. 또 옷장을 정리하며 '나에게 이렇게나 옷이 많았다니!' 감탄하게 될 것이므로, 옷장을 열고 옷이 없다는 한탄은 쏙 들어가지 않을까?

업사이클링 제품

아무리 아껴 쓰고, 나눠 쓰고, 바꿔 써도 쓰임을 다하고 나면 결국엔 버려야 하고 쓰레기가 된다. 쓰임이 다하기 전에 새로운 쓰임을 찾아 다시 쓸 수 있다면? 바로 이런 새로운 쓰임을 찾아 재탄생한 물품들을 업사이클링 제품이라고 한다. 이왕 필요한 물건, 업사이클링 제품으로 의미도 함께 사볼까?

리사이클링? 업사이클링?

업사이클링은 업그레이드와 리사이클링을 합친 말이다. 리사이클링, 즉 재활용은 버려지는 것에 비해 사용되는 것은 적고, 재처리 과정에서 많은 에너지가 사용된다는 한계가 있었다. 재활용에서 한 단계 업그레이드된 업사이클링은 매립되거나 소각되는 쓰레기의 양을 줄이고, 재가공에 들어가는 에너지의 낭비없이 더 가치있는 쓰임을 만든다는 점에서 새롭게 주목 받고 있다. 업사이클링 제품은 '재료 수거→소재 세척·손질→디자인→제품 생산'의 과정을 거쳐 탄생되는데, 수작업이 많다 보니 소량생산 방식을 고수한다.

국내 업사이클링 시장은 아직 걸음마 단계다. 대체로는 소재수급 단계에서 어려움을 겪는다. 재활용보다 매립에 들어가는 비용이 훨씬 싸다 보니 쓰레기가 충분히 활용되지 않은 채 함부로 버려지기 때문이다. 즉, 양질의 재활용 소재를 안정적으로 공급 받기가 어렵다.

더불어 수작업으로 생산되는 탓에 가격이 비싼 편이다. 제품의 희소성은 있지만 국내 소비자들을 납득시키기에는 아직 부족하다. 그렇다보니 제품 경쟁력 강화보다는 브랜드 홍보, 사회 공헌 차원에 머무르고 있는 수준이다.

업사이클링 제품, 어떤 것들이 있나?

터치포굿

국내에서 제작되는 현수막은 대부분 소각 처리된다. 이 처리비용과 환경오염을 방지하기 위해 폐현수막으로 가방을 만들자는 아이디어가 터치포굿의 출발점이었다. 이후 현수막을 비롯해 광고판 등을 활용해 가방, 지갑 등의 패션소품을 생산하고 판매한다. 특히, '오년의 약속' 프로젝트처럼 선거기간 각 후보와 정당의 공약이 담긴 현수막을 에코백으로 만들어 판매함으로써 현수막 폐기물에 대해 생각하는 계기를 만들었다. 기업을 대상으로 한 업사이클링 컨설팅, 도시형 환경 교육을 진행하고 있는 등 자원의 재활용과 환경 문제를 동시에 해결하는 데 기여하고 있다.

폐기물 '명품', 프라이탁

프라이탁은 업사이클링 브랜드의 대표 성공 사례로 꼽힌다. 스위스의 프라이탁 형제가 영국의 습하고
비가 자주 내리는 날씨에도 어떻
게 하면 스케치북을 잘 들고
다닐 수 있을까 고민하다
가 버려지는 트럭 방수
포를 이용해 가방을 만
들었다고 한다. 두껍고
질긴 방수포 재질이라
빗물이 스며들지 않고
내구성도 튼튼하다. 수작
업으로 만들어서 디자인도
제각각이라 남들과는 다른 개성
을 드러내고 싶은 소비자들을 만족
시키며 세계적인 브랜드로 자리 잡았다.

플리츠마마

플리츠마마는 '다시 태어나기 위한 되돌림'이란 프로젝트를 통해 제주에디션을 내놓았다. 제주도의 쓰레기 문제를 해결하기 위해 제주특별자치도는 버려지는 투명 페트병을 깨끗하게 수거하는 시스템을 마련하고, 리사이클 섬유 제조 기술을 확보하고 있는 효성티앤씨는 페트병을 재활용한 칩을 이용해 리사이클 섬유를 만들었다. 플리츠마마는 이를 바탕으로 제주의 아름다움에서 영감을 얻은 에코백 제주 에디션을 제작했다.

제주산 500ml 폐페트병 16개가 모여 숄더백으로, 53개가 어우러져 멋진 플리스 재킷이 된 것이다.

래코드(RE:CODE)

래코드는 코오롱FnC의 업사이클링 브랜드로, 3년 이상 된 재고 의류를 자르고 이어 붙여 새로운 제품으로 판매한다. 보통은 재고상품을 소각하는데, 이 비용도 아끼고 소각으로 인한 환경 문제도 해결하는 것이다. 소비자들에게 브랜드를 알리기 위해 '리테이블'이라는 이름으로 참가자들이 재고 의류를 활용해 직접 지갑, 앞치마 등 생활소품을 만드는 체험행사를 꾸준히 진행해 오고 있다.

삼성전자는 TV 포장지를 에코패키지로 변경했는데, 골판지로 구성된 포장 상자 각 면에 도트 디자인을 적용하고 소비자가 원하는 모양으로 쉽게 잘라 다시 조립할 수 있게 만들었다. 포장 상자 상단에 인쇄된 QR코드를 통해 반려동물용 물품, 소형 가구 등 다양한 형태의 물건을 제작할 수 있는 매뉴얼도 제공한다.

#3
요리왕의 에코라이프

쓰레기 없는 장보기

세제를 리필하러 용기를 들고 리필숍까지 다녀왔다. 쓰레기를 만들지 않는 실천에 나름 경험치가 쌓였다. 욕실과 주방에서 플라스틱 쓰레기를 덜어낸 만큼, 해냈다는 뿌듯함과 자신감은 가득 찼다. 하지만 마트에서 장을 한 번 보면 수북이 쌓이는 비닐에 힘이 쭉 빠진다. 버섯이나 애호박을 포장한 비닐, 미나리나 쑥갓을 담은 비닐, 비닐로 꽁꽁 싸맨 것도 모자라 스티로폼 트레이에 담은 배나 딸기 같은 과일들, 작은 용량의 플라스틱 통이나 비닐에 소포장된 쌀… 마트의 식자재 코너는 다양한 비닐을 구경할 수 있는 비닐 가게라고 해도 과언이 아닐 정도다. 하지만 여기서 좌절할 수 없다. 그나마 대형마트나 동네 슈퍼마켓보다는 전통시장에서 포장 쓰레기가 적게 나온다. 전통시장에서부터 쓰레기 없는 장보기, 도전!

출격하기 전 준비물

다양한 크기의 천 주머니

먼지가 묻은 것끼리, 채소끼리 담을 수 있다. 단단한 채소와 부드러운 채소들이 잘못 엉켜 물러지는 일도 방지된다.

반찬통

고기나 생선, 두부를 담을 만큼의 크고 가벼운 통이면 충분하다. 식재료에 따라서는 집에 가져와 옮겨 담지 않고 그대로 보관할 수 있어 좋다.

텀블러

장을 보다 허기지면 텀블러에 떡볶이를 담아 먹을 수도 있으니 챙기는 것을 추천한다.

마음의 용기

나의 도전을 널리 알리자. 세상에는 이런 사람도 있구나, 온몸으로 캠페인을 해보는 것이다. '사장님! 쓰레기 없이 장 보고 싶어서요. 여기에 담아주세요.'라고 말할 수 있는 용기는 그 어떤 도구보다 제일 중요하다!

무포장 가게에 직접 가볼까?

독일에 있는 '오리기날 운페어팍트(Original Unverpackt)'는 무포장 가게의 시초로 알려져 있다. 운페어팍트는 독일어로 '포장되어 있지 않은'이라는 뜻이라고 한다. 소비자가 용기를 가져와 필요한 만큼 제품을 소분해 구매할 수 있는데 농산물부터 생활용품까지 제품의 종류가 600여 가지라고 하니 부러울 따름이다. 이 정도의 규모는 아니지만 국내에서 포장 없이 제품을 판매하려는 가게들이 많아지고 있다.

무포장 가게 네트워크(mupojang-network.com)에서 전국의 무포장 가게를 확인할 수 있다. 더피커나 알맹상점 같은 유명한 제로웨이스트숍을 비롯해 견과류 같은 가벼운 먹거리를 소분 구매할 수 있는 가게나 일회용품 없이 이용할 수 있는 카페들도 리스트업되어 있으니 우리집에서 가까운 곳부터 다녀와보자. 내가 이용하는 단골 가게가 일회용품, 포장 없는 가게를 선언했다면 무포장 가게로 제보해 정보를 나누는 것도 좋다.

끊임 없는 요구로 기업을 바꾸는 사례들

이런 노력에도 불구하고, 이미 포장된 식자재를 어쩔 수 없이 사야할 때도 있다.

'쓰레기는 사고 싶지 않다'며 2017년 최초로 국내 마트를 대상으로 한 '플라스틱 어택'이 시작된 후, 쓰레기 없이 장을 보고 싶은 시민들은 더욱더 적극적으로 행동하기 시작했다. 음료 종이팩에 붙은 빨대 퇴출하기, 통조림 햄의 노란 뚜껑 퇴출하기 등 쓸데없는 포장재 등을 모아 기업에 보내 목소리를 낸 시민들은 결국 '플라스틱 포장재를 축소하겠다'는 대기업의 약속까지 받아내는 큰 변화를 만들었다. 개인의 실천만으로 바꿀 수 없다면 함께할 수 있는 사람들과 뜻을 모으고, 대형마트 같은 유통업체나 생산기입에 직접 요구할 수 있다.

동물복지축산

반려동물과 함께 사는 가구가 늘면서 동물권에 대한 관심도 전보다 높아졌다. 반려동물과 더불어 전시동물, 실험동물, 농장동물 등 동물복지에 대한 범위도 확대되었다. 2012년부터는 '동물복지축산농장 인증제도'가 도입되어 공장식 축산의 대안으로 제시되기도 한다. 근데 사실, 조금 조심스럽다. '동물복지'와 '축산'이 함께 갈 수 있는 말인가, 동물을 위한 복지가 아니라 먹는 이의 죄책감을 덜기 위한 제도가 아닌가, 우려하는 목소리도 있기 때문이다. 대안은 해결책이 아니니 분명 한계도 있을 테지만. 아직은 동물복지축산에 대한 이해나 비중이 낮은 상태이니 제대로 알아보고, 관심을 갖는 것부터 시작하면 좋겠다.

공장식 축산, 왜 문제야?

- 공장식 축산은 최소 비용으로 고기·달걀·우유 등 축산물의 생산량을 최대화하기 위해 생명체로서 동물의 기본적인 욕구와 습성을 고려하지 않고 대규모 밀집 사육하는 방식이다.

- 산란계 닭을 공장식으로 키우는 배터리 케이지는 철창 케이지를 겹겹이 쌓아 올린 구조물에 닭들을 사육하는 것으로 가로 0.5m, 세로 0.5m 크기의 철창에 암탉을 보통 4~6마리 넣는다. A4 용지 한 장의 3분의 2밖에 안 되는 좁은 공간에서 날갯짓은커녕 몸을 돌리는 것조차 어려운 상태로 평생 알만 낳다가, 정작 자신의 알은 한 번도 직접 품어보지 못하고 도축된다.

- 본래 어미 돼지는 출산 전에 안전한 자리를 찾기 위해 수km를 이동하고, 지푸라기를 이용해 보금자리를 만드는 습성을 가지고 있다. 대부분의 국내 돼지 농가에서 사용하는 스톨 사육은 가로 60cm, 세로 210cm의 철창에 어미 돼지를 가둬 사육한다. 임신한 어미 돼지는 고개를 돌릴 수도 없는 스톨에 갇혀 새끼를 낳고 다시 임신하기를 반복한다.

- 공장식 축산은 가축 전염병을 부추기는 원인으로도 지목된다. 전염병 확산을 막기 위해 너무나 많은 동물들이 생매장되어 죽는 살처분도 반복되고 있다. 생명윤리적인 문제와 더불어 매몰 후 토양과 침출수 등 2차 환경오염도 큰 문제다.

동물복지축산은 뭐가 달라?

- 동물복지축산은 동물보호법에 따라 동물의 스트레스를 최소화하는 축산방식. 높은 수준의 동물복지 기준에 따라 인도적으로 동물을 사육하는 소·돼지·닭·오리 농장의 축산물을 국가가 인증하는 것이다.

- 2019년 전체 가축사육 농가 중 동물복지 인증농장 비율은 산란계(달걀을 얻기 위한 닭) 농장 15%, 육계(고기를 얻기 위한 닭) 농장 5.9%, 양돈 농장 0.3%, 젖소 농장 0.2% 순으로 조금씩 늘어나고 있으나 아직은 미미한 수준이다.

- 다양한 인증마크가 많아 헷갈리지만 동물의 고통을 줄인 축산물임을 확인할 수 있는 것은 '동물복지' 마크 또는 휴식공간, 방목초지가 겸비된 유기축산농가임을 인증하는 '유기축산물' 마크 2개 정도이다. 그 외는 식품안전만을 주요 기준으로 판단한다.

- 자연적이라고 여기는 유정란도 사실 배터리 케이지에서 인공수정으로 생산될 수 있기 때문에 유정란이라는 것 자체만으로는 동물의 복지 정도를 가늠할 수 없다.

분류	인증내용		인증마크	핵심가치	동물복지 고려여부	산란계 배터리 케이지	돼지스톨	기타
동물복지	동물복지		동물복지 (ANIMAL WELFARE) 농림축산식품부	동물복지	O	사용 못함	제한적 사용	부리 자르기, 꼬리 자르기 등 일반적 금지
친환경	농산물	유기농 무농약 저농약	유기농 (ORGANIC) 농림수산식품부	생태순환	O	사용 못함	제한적 사용	부리 자르기, 꼬리 자르기 등 일반적 금지
			무농약 (NON PESTICIDE) 농림수산식품부					
			저농약농산물					
	축산물	유기축산물	유기축산물 (ORGANIC) 농림축산식품부					
		무항생제	무항생제 (NON ANTIBIOTIC) 농림축산식품부	식품안전	×	무관	무관	
기타	해썹		HACCP (위해요소관리기준) 식품의약품안전처	식품안전	×	무관	무관	
	지에이피		GAP (우수관리인증) 농림축산식품부	품질, 식품안전	×	무관	무관	
	저탄소		저탄소 (LOW CARBON) 농림축산식품부	온실가스 저감	×	무관	무관	

(자료: (사)동물보호시민단체 카라)

- 달걀에는 번호가 있다. 달걀 끝자리 번호를 보면 내가 산 달걀이 어떻게 생겨난 것인지 알 수 있다. 즉, 끝자리 번호는 닭의 사육환경을 나타내는데 달걀 번호 끝자리 3번과 4번은 배터리 케이지에서 사육된 닭이 낳은 달걀이다. 1번은 실외 방목장에서 자유롭게 생활할 수 있는 자유방목 농장의 닭이 낳은 달걀, 2번은 축사 내에서 자유롭게 다니거나 다단구조물 사육형태에서 지내는 닭이 낳은 달걀이다.

생산자 고유번호
산란일자
(예시: 10월12일)
1012 M3FDS 2
사육환경번호

1 방사사육
2 축사내 평사
3 개선된 케이지(0.075㎡/마리)
4 기존 케이지(0.05㎡/마리)

(자료: 식품의약품안전처)

- 사실상 동물복지 인증축산물과 유기축산물은 시중에서 찾아보기 어렵다. 이렇게 동물의 고통을 줄인 축산물이 드물기 때문에 우선은 육류 소비를 줄여야 하고, '공장식' 축산물을 구별하는 안목도 갖춰야 한다. 우리의 선택으로 철창 속에 구겨진 채 살아가며 물건처럼 취급받는 농장동물의 삶이 조금은 바뀔 수 있을 테니까 말이다.

고기 없는 한 끼

어느 날부터 주위에 하나둘 채식을 하는 친구들이 눈에 띄기 시작했다. 반려견을 키우면서, 공장식 축산 영상을 본 후, 한 유명인의 비건 생활이 멋있어 보여서, 각기 시작한 이유도 참 다양하다. 오늘 만난 친구는 매주 월요일 비건식을 하고, 월요일 저녁에는 가능하면 친구와 함께 비건 식당을 찾는다고 한다. 채식인이 더 많아지게 하는 자기만의 비법이라나. 아무튼, 함께 대학가의 한 비건 식당을 찾아가 비건 파스타에 비건 와인까지 곁들여 신나게 이야기를 나누고 돌아오는 길, 내 마음속에도 슬며시 채식에 대한 마음이 생기는 것 같은데…. 그래! 오늘부터 나도 채식인이 될 테다. 몸도 가볍게 하고 동물에게도 덜 미안해야지, 비장한 마음을 먹고 나니 드는 의문. 채식은 도대체 어떻게 시작해야 하는 거지?

비건? 페스코? 종류가 왜 이렇게 많아?

비건 Vegan	🥬	🍼	🥚	🐟	🐔	🐷
락토 베지테리언 Lacto Vegetarian	🥬	🍼	🥚	🐟	🐔	🐷
오보 베지테리언 Ovo Vegetarian	🥬	🍼	🥚	🐟	🐔	🐷
락토 오보 베지테리언 Lacto Ovo Vegetarian	🥬	🍼	🥚	🐟	🐔	🐷
페스코 베지테리언 Pesco Vegetarian	🥬	🍼	🥚	🐟	🐔	🐷
폴로 베지테리언 Pollo Vegetarian	🥬	🍼	🥚	🐟	🐔	🐷
플렉시테리언 Flexitarian	🥬	🍼	🥚	🐟	🐔	🐷

여기서 잠깐!

ⓠ 채식을 하면 영양분이 부족하지 않을까요?

ⓐ '채식'을 해서 영양분이 부족해지는 건 아니다. 이론상 채식만으로 5대 영양소를 섭취하는 데는 문제가 없어, 일일 영양소와 함량 체크 후 식단을 구성하면 영양 부족 문제는 생기지 않을 것이다. 식물성 음식으로도 단백질을 충분히 섭취할 수 있으며, 흔히들 우려하는 상황은 칼로리를 적게 먹는 아주 특수한 경우에만 발생한다. 제임스 카메론 감독이 제작한 다큐 〈더 게임 체인저스〉에서는 채식으로 전환한 후 근육이 증가하고 회복력이 좋아져 신기록을 경신한 사례가 숱하게 등장하기도 했다.

채식 도전① 페스코 채식으로 채식 입문해보기

처음부터 비건(완전 채식)이 버겁다면 페스코 채식부터 시작해보자. 일주일, 한 달 등 기간을 정해놓고 하면 성공률이 높다. 결심까지 했다면 채식 식당이 없을 때 꼼수 부리는 팁 대방출!

- 분식: 햄이 들어가지 않은 김밥, 육수에 고기를 넣지 않는 떡볶이
- 한식: 고기가 들어가지 않은 비빔밥(고추장 조심!), 생선구이, 오징어덮밥
- 중식: 고기가 들어가지 않은 짬뽕류, 버섯덮밥
- 일식: 초밥, 생선덮밥, 튀김류, 고기가 들어가지 않은 우동
- 양식: 고기가 들어가지 않은 파스타와 피자, 리조또

채식 도전② 일주일에 하루만, 비건 되어보기

- 7일 중 하루는 완전한 비건식으로 살아본다. 고기, 생선, 우유, 계란 등을 먹을 순 없지만 재미있게 게임하듯 즐겨본다.
- 음식으로 주말 내내 달린 후 맞이하는 '미트프리 먼데이(Meat Free Monday)', 한 주의 가운데 중심을 잡아주는 '미트프리 웬즈데이' 언제든 좋다. 홍콩의 준채식 식단 보급 사업을 벌이는 사회적기업 '그린먼데이'가 2012년 이 사업을 시작한 이후 홍콩에서는 160만 명 이상이 일주일에 적어도 한 끼 이상 준채식 식단을 채택했다고 한다.

- 함께할 동료가 있다면 더 좋다. 물론 랜선 동료도 좋다.
- 미리 정한 날이기 때문에 고기 먹을 일이 생겨도 먹지 않는다. 능동적으로 고기를 먹지 않는다.
- 가능하다면 이날만큼은 완전한 비건 지향인으로 살아본다. 동물실험을 하지 않은 화장품을 사용한다거나, 비건 가죽 옷을 입을 수도 있다.

채식 도전❸ 꾸준한 채식 생활의 팁

- 완벽한 실천보다는 꾸준한 노력이 중요하다.
- 제철 채소꾸러미를 정기 구독하면 배송받은 각종 채소를 해결해야 한다는 의무감에서 다양한 요리를 시도해보게 되고, 집에서 만드는 채식 요리에 재미를 붙일 수 있다.
- 혼자가 아닌 여럿이 즐겁게 해본다. 친구들과 비건 식당, 비건 페스티벌에 놀러 가보거나 여럿이 함께하는 '채식 한 끼 프로젝트' 등에 참여해보는 것도 방법이다. 녹색연합을 포함한 다양한 환경단체에서는 각자의 채식 프로젝트 모임 등을 진행하는 경우가 많으니 찾아보자.
- 롯데리아, 서브웨이 등 패스트푸드 전문점에서도 비건 메뉴를 잇달아 출시하고 대형마트에서 비건 제품만 따로 모아 파는 코너가 생기고 있다. 주위를 잘 살펴보면 채식은 이미 우리 생활 속에서 가능하다.

먹는 데 진심이라면
유기농을

라떼 시절 이야기다. 2000년 초반 '웰빙'과 '로하스'라는 말이 유행할 때였다. 건강은 물론 삶의 질, 환경과 사회·문화를 담고 있는 말이지만, 실제 잘 먹고 잘사는 법에 대한 다양한 생활 방식이 쏟아져 나왔다. 유기농 제품을 판매하는 매장이 늘어나고, 주변에는 귀농을 선택해 유기농법으로 농사를 짓는 이들도 생겨났다. 그 무렵 나도 한살림 생활협동조합의 조합원이 되었지만 유기농은 여유 있는 이들의 사치쯤으로 여기는 주변의 눈초리에서 자유롭지 못했다. 경제적으로 여유롭지 않아도 유기농을 충분히 구입할 수 있고, 건강한 먹거리 이상의 가치가 있다는 사실을 논리있게 설득하지 못했다. 지금이라도 유기농의 진정한 의미를 생각해보고 무엇이 좋은지 짚어보자.

밥상에서 유기농을 선택하면 좋은 점

한 해 농사는 하늘이 점지한다는 말이 있다. 기온, 강수량, 일조 시간에 따라 수확량이 결정되고, 파종에서 수확까지 기상 상황에 기대야 한다. 그러니 기후변화는 농업의 위기이기도 하다. 2020년 여름에는 50일 넘게 쏟아진 장맛비로 사과와 복숭아 같은 노지과일이 직접적인 영향을 받았다. 유기농을 선택하면 좋은 점은 어쩌면 기후위기에서 우리 밥상을 지키는 방법이라고도 할 수 있겠다.

가까운 곳에 좋은 먹을 거리가 있다

유기농업은 제철 먹거리 중심으로 에너지 의존도를 줄이는 방식으로 생산하면서 불필요한 저장, 가온 재배, 유통을 위한 후처리를 최소화한다. 가까운 로컬 푸드를 이용한다면 이동에 드는 에너지도 줄일 수 있으니 일석이조!

생물의 종 다양성을 지킨다

논은 홍수 조절, 지하수 함양, 이산화탄소 흡수, 토양 보전의 기능 외에도 다양한 논 생명들의 삶터이자 철새들이 여정을 푸는 중간 쉼터로도 활용된다. 강화매화마름논이 세계 최초로 람사르 습지로 등재된 데에는 농약을 치지 않은 건강한 논에 서식하는 멸종위기종 매화마름이 살고 있는 것이 중요한 이유였다.

생태 순환의 기반이 된다

농업은 인간 활동 중에 풀, 가축분뇨, 음식물 쓰레기 등의 유기물이 다시 땅으로 돌아가 썩고 생산을 돕는 생태순환의 유일한 과정이다.

지역의 사회 관계망을 지킨다

유기농업은 로컬푸드를 지향하므로 생산자와 소비자의 가까운 관계는 물론 지역 중심 생산, 운송, 포장의 전 과정이 담긴 건강한 관계망을 만들 수 있다. 신뢰의 관계망은 안정된 여건에서 농업을 지속하는 힘이 된다.

아무리 유기농이어도 멀리서 왔다면

유기농 제품이어도 먼 곳에서 수입한 것이라면 다시 한 번 생각해보자. 유기농 재배를 통해 절약된 온실가스가 먼 거리 수송으로 쓸모없게 될 수 있다.

소비자 선택을 돕는 농축산물 인증 구별하기

유기농산물·유기축산물

유기합성농약과 화학비료, 제초제와 첨가제를 일절 사용하지 않고, 이 조건으로 3년 이상 된 땅에서 재배한 농산물을 인증한다.

무농약 농산물

농산물에만 해당되며 유기합성농약, 제초제와 첨가제를 사용하지 않고 화학비료는 권장 시비량의 3분의 1 이내로 사용한 농산물에 부여한다. 해당 조건으로 1년 이상 된 흙에서 재배되어야 한다.

무항생제 축산물

축산물에만 해당되는 인증이며 화학비료와 항생제를 첨가하지 않고 농약과 제초제, 첨가제를 사용하지 않은 환경에서 사육한 축산물에 대해 부여한다.

GAP(Good Agricultural Practices)

흔히 친환경 농산물 인증으로 오해하는 것으로 GAP 인증이 있다. 친환경 인증이 환경을 살리면서 지속가능한 농법에 대한 인증이라면 GAP 인증은 농산물 우수관리 인증으로 농산물의 생산, 수확 후 관리, 농업환경 관리, 중금속이나 잔류성 유해물질 관리를 위한 인증이다. 안전성 확보로 소비의 선택을 돕는 유통관리 의지도 포함되어 있다.

유기농? 너도 할 수 있어

나는 농부의 자식이고, 농사도 익숙하다. 도시로 나와 살면서 도시인의 삶은 생산보다 소비 중심이라는 생각에 호기롭게 도시 텃밭 10평에 농사를 시도했었다. 10평이 그렇게 광활하다는 것을 거름 한 트럭을 사 갈아보고는 알았다. 한 해 경험하고 손을 털었다. 이후 채소라도 키워볼 요량으로 베란다 상자 텃밭 재배를 끊임없이 시도하지만 잎사귀 몇 장 수확하는 데 그치거나 꽃을 보는 관상용이 되기 일쑤다.

그럼에도 불구하고 도시 텃밭을 일구고 싶은 이들에게는 같이 농사지을 친구를 만날 것을 반드시 권유한다. 이미 텃밭 농사를 짓고 있는 그룹에 끼어들어가는 것도 좋은 방법이다. 하나하나 배우면서 역할도 나눌 수 있고, 재미있는 이벤트를 시도해볼 수 있다. 나처럼 키우는 데 소질도, 의지도 없는 이들이 시도할 수 있는 독창적인 방법 몇 가지를 소개한다.

콩나물 키우기

- 준비물: 화분이나 우유팩, 검은 천, 콩
- 콩을 깨끗이 씻고 불린 후 쪼개진 것이나 상한 것은 썩을 수 있으니 골라낸다. 콩은 메주를 쑤는 백태, 서리태, 비싼 쥐눈이콩, 어느 것이라도 좋다. 단, 병아리콩은 안 된다.
- 화분은 넓은 것보다 깊은 것이 좋다. 깔망을 넉넉히 잘라 깔아준다. 종이 우유갑을 사용할 경우 송곳으로 바닥에 물 빠질 구멍을 여러 개 뚫어둔다.

- 불린 콩을 3분의 1이 넘지 않게 채우고, 하루에 물을 네 번씩 준다. 주방에 두고 샤워 꼭지로 물을 주면 편하다. 일어나서 한 번 주고, 출근하기 전에 또 한 번 준다. 직장인들은 낮에 물을 줄 수 없으니 칼퇴근을 해서 주고, 자기 전에 준다.
- 주의! 빛이 들어가면 초록색 콩나물을 먹을 수 있으니 반드시 검은 천을 씌워둔다.
- 일주일이면 수확할 수 있고, 두어 줌씩 뽑아 먹으면서 물을 계속 주어야 한다. 식구가 없으면 먹는 속도가 크는 속도를 따라가지 못해 요리도 독창성(?)을 키울 수 있다.

대파 키우기

- 시장에서 뿌리가 있는 대파를 구입해 밑동 10㎝ 이상을 남겨 화분에 심는다.
- 초록색으로 새로 올라오는 부분을 잘라 먹는다. 5~6뿌리는 심어야 먹을 만큼 자란다.
- 주의! 물꽂이를 할 경우 양파 썩는 냄새가 나니 반드시 흙에 심을 것을 추천한다.

아스파라거스 키우기

- 종묘상에서 아스파라거스 씨앗을 구해 싹을 틔운 후 큰 화분에 심는다. 접시에 거즈나 키친타월을 깔고 물을 자작하게 적

셔 발아시킨다. 물이 마르지 않게 주의할 것! 다른 씨앗보다 발아 속도가 느리니 며칠 느긋하게 기다려보자.

- 큰 화분에 옮겨 심고, 새순이 꾸준히 돋아 올라오면서 천천히 줄기가 두툼해진다. 오래 키워야 하니 큰 화분이나 상자 텃밭을 이용하면 좋다.

- 3년이 지나면 잘라 먹을 수 있다. 잘라 먹으면 꾸준히 새순이 올라온다고 한다. 사실 나는 1년여를 키웠으나 얼어죽는 바람에 실패했다. 겨울에는 따뜻한 실내에서 키워야 하니, 역시 주의해야 한다.

대세는
로컬푸드

로컬푸드(local food)는 글자 그대로 가까운 지역에서 나는 먹거리다. 또 지역에서 생산한 먹거리를 지역에서 소비하자는 운동이기도 한다. 미국과 영국, 일본에서 먼저 시작되어 세계적으로 확산되었고 우리나라에서는 농부 직거래 장터, 생활협동조합, 농산물 꾸러미 등이 로컬푸드의 좋은 예이다. 먼 거리 이동을 하지 않고 유통 단계를 획기적으로 줄여 신선함과 동시에 생산자와 소비자 모두에게 이득이 돌아갈 수 있으며, 유통에 들어가는 에너지가 줄어 환경에도 도움이 된다. 과거에는 최종 제품의 품질과 가격이 제품 선택의 중요한 기준이 되었다면 이제는 기후위기 대안으로서 탄소발자국이 적은 먹거리를 선택하는 것은 소비자가 할 수 있는 가장 좋은 직접 행동이다.

로컬푸드와 함께 생각하기

슬로푸드(slow food)

편리한 가공식품 중심의 식문화에 대한 반성으로 신선한 재료로 시간을 들여 만든 음식을 먹도록 권하는 운동이다. 슬로푸드는 지역의 특성에 맞는 먹거리 문화와 역사를 중요하게 여겨 지역에서 생산한 먹거리의 생산과 소비의 연결이 필수이므로 로컬푸드가 목적이자 수단이 될 수 있다.

탄소발자국(carbon footprint)

먹거리의 탄소발자국은 재배하고, 소비자가 사서 먹고 버려지는 모든 과정에서 발생하는 이산화탄소(CO_2) 배출량을 의미한다. 프랑스산 밀가루로 만든 빵은 우리밀로 만든 빵보다 원료 이송과정에서 탄소를 더 많이 배출하여 탄소발자국이 크다.

로컬푸드를 선택할 수 있는 몇 가지 방법

우리 집 밥상의 탄소발자국을 줄이기 위해 먹거리를 농부에게 직거래로 구입하는 방법으로 로컬푸드 꾸러미 이용을 추천한다.

언니네 텃밭

지역 공동체 여성 농민들이 수확한 농산물을 도시 소비자 회원들에게 꾸러미로 정기적으로 나눈다. 1회 체험 꾸러미를 신청해 사용해볼 수 있고, 지역은 물론 1인 가구, 채식 지향을 반영해 선택할 수 있다. (https://sistersgarden.org/)

흙살림꾸러미

농약과 화학비료를 사용하지 않아, 몸도 살리고 흙도 살리는 방식으로 생산하는 안전한 먹거리를 지향하는 곳이다. (http://shop.heuksalim.com/)

완주로컬푸드 건강한 밥상

우리나라에서 가장 먼저 로컬푸드 운동이 시작된 곳이다. 전북 완주군 100여 개 마을공동체, 300여 생산자가 참가하고 있는 영농조합이다. 지역 소농과 고령농, 여성농이 잘사는 농촌을 만들기 위해 모색하고 있다. (http://www.hilocalfood.com/)

옥천살림 향수꾸러미

충북 옥천 지역 친환경 농부들이 지역 학교 급식에 친환경 농산물을 공급하며 운영을 시작했다. 먹거리 관련 제도 개선을 위한 정책 참여 활동도 하고 있다. (전화 문의 043-731-6238)

충남 청양군 시골맛 보따리

집에서 직접 키운 유기농산물과 뒷산에서 채취한 것을 기본으로 그 외 마을의 여섯 집과 홍성의 유기농 단지에서 재배하거나 가공한 물품으로 구성하고, 가공품도 모두 친환경 재료로 만든다. (http://cafe.daum.net/sigolmat)

자연농부꾸러미

온라인으로 사전예약하고 양평 두물물 농부시장에서 찾아가는 경기 양평 지역 꾸러미로, 택배배송을 하지 않는다. 대신 농부와 생산자들의 이야기를 담아 때마다 다른 꾸러미로 알차게 구성한다. (https://cafe.naver.com/fromnature2019)

농협 로컬푸드꾸러미

지역 농협에서 로컬푸드꾸러미를 운영하기도 한다. 코로나19 감염 확산으로 지역 농산물과 가공식품 꾸러미가 확산되었다.

지구를 위한 한 발 더

제철 자연재료대로 먹는 것이 기후위기에 도움이 될까?

많은 가공식품들은 국내에서 만들더라도 원재료는 먼 해외에서 수입하는 경우가 많다. 슈퍼에서 구입한 유기농 옥수수 통조림 캔을 살펴보자. 수입, 세척, 조리, 주입, 멸균, 밀봉, 검사, 포장 등 많은 공정을 거쳐 슈퍼에 배송된다. 좋은 품질, 맛과 가격이 좋아도 이동거리가 길어 탄소발자국이 많다면 신중하게 선택해보자. 여름 옥수수철에 직접 병조림을 만들어보는 것도 좋은 방법이다.

'철 없는 과일'은 지구에 이로울까?

내가 좋아하는 과일, 딸기의 제철은 언제일까. 시설이 없는 노지에서 딸기가 제대로 익으려면 5월이 되어야 한다. 그런데 언제부터인가 딸기는 겨울철 과일이 되었고, 정작 5월에는 끝물 딸기도 시장에서 찾아보기 어렵다. 이동에 소비되는 에너지가 적은 로컬푸드가 항상 멀리서 온 먹거리보다 탄소배출량이 적은 것은 아니다. 겨울철 딸기처럼 비닐하우스에서 석유난방으로 철 없는 과일을 재배할 경우 탄소배출량이 늘어날 수 있다. 기후위기의 주범인 온실가스를 줄이는 노력은 생산-이송-소비-폐기 모든 과정에서 필요하다. 그러나 소비자인 우리가 이 전체 과정을 책임질 수는 없다. 지구에 이로운 먹거리 선택 기준에 이동 거리가 적은 것을 고려해보자. 농부와 농업이 살아야 지구에 이로운 다음 대안도 고민할 수 있다.

벌집으로
랩을 만들 수 있다고?

언젠가부터 배달음식의 용기가 모두 일회용 플라스틱 용기로 구성되기 시작했다. 수소문 끝에 음식점 하나를 찾아냈는데, 맛도 맛이지만 예전과 같이 다회용기에 음식을 배달해주고 수거해가기 때문에 주문할 때 쓰레기를 많이 만들지 않아 지구에 좀 덜 미안한 마음이 든다. 그런데 이 훌륭한 가게도 어쩔 수 없는 게 있나보다. 바로 국물이 넘치지 않게 랩을 칭칭 감아주는 것 말이다. 국물이 넘치지 않으니 다행이면서도 마음이 불편한 건 어쩔 수 없다. 랩은 참 신기해서 음식과 관련 없는 곳에도 다양하게 쓰인다. 신발 가게에서 신발을 꽁꽁 싸매놓기도 하고, 타투를 마친 직후 피부를 보호한답시고 랩을 감아주기도 하고. 랩의 대안이 있긴 한 걸까 궁금해진다.

랩(wrap)?

• 마트에서 파는 각종 음식물과 포장용배달음식에 광범위하게 쓰이는 '랩'의 재질은 주로 PVC(폴리염화비닐), PE(폴리에틸렌)이다.

• PE는 고형연료 등으로 재활용이 가능하고 PVC는 태우면 각종 유독물질이 나와 재활용이 어려울 뿐더러 모든 식품이나 생활용품의 포장재로도 사용을 금지하고 있다.

• 랩의 유해성에 대한 연구가 꾸준히 진행되면서 환경호르몬이 검출되는 PVC 재질의 랩은 많이 사라졌다고 하지만 여전히 대형매장 등에서 가격 등의 이유로 사용하는 경우가 있어 문제가 되고 있다.

• PE 재질이라고 해도 결국 플라스틱이다. 썩는 데도 시간이 오래 걸리고 분해되면 결국 미세플라스틱이 되는 것이지 자연으로 돌아가는 것은 아니다.

대안은 바로 밀랍랩

• 밀랍은 꿀벌의 배 부분에서 나오는 물질인데, 이것을 가지고 일벌이 튼튼하고 안전한 벌집을 만든다. 밀랍으로 만든 벌집은 비가 새지도 않을 뿐더러 외부의 감염도 막아주는 튼튼하고 안전한 곳이 된다.

• 꿀벌이 1kg의 밀랍을 생산하려면 꿀 6kg을 먹어야 한다. 자연

히 꿀처럼 유익한 성분이 많다. 밀랍에는 항균, 방수, 방취 등의 효능도 있다.

- 밀랍랩은 비닐랩, 호일, 지퍼백 등의 훌륭한 대용 물건이 된다. 밀랍은 뭉쳐서 굳어 있으면 단단하지만, 천에 얇게 입혀놓고 따뜻한 손으로 만지면 적당히 부드러워지면서 원하는 모양이 되기 때문에 어떤 물건이든 감쌀 수 있다.

- 요즘에는 밀랍랩을 판매하는 곳도 꽤 많이 생겨 편하게 구입할 수 있다.

밀랍랩 직접 만들어볼래!

① 신문지를 넉넉히 바닥에 두고 유산지를 깐다. 손수건을 펼치고 강판으로 밀랍을 갈아 손수건 위에 고루 덮어준다. 호호바오일 같은 천연오일이 있다면 3~4방울 뿌려준다.

② 손수건 위를 유산지로 덮고 다리미로 잘 다려준다. 밀랍이 녹아서 손수건에 빠진 곳 없이 잘 스며들도록 한다. 잘 말려주면 금세 꾸덕꾸덕한 밀랍랩이 완성!

③ 처음엔 밀랍이 손에 조금씩 묻는데 계속 사용하다 보면 괜찮아진다. 사실 손에 묻어도 음식에 묻어도 괜찮다. 이건 밀랍이니까!

비건은 밀랍랩을 사용하지 않는다고?

비건(완전 채식)이란 먹는 것뿐 아니라 삶 전반에 걸쳐 있는 삶의 방식이다. 음식은 물론 동물로부터 얻은 원료로 만든 옷이나 액세서리, 동물실험을 하는 화장품도 사용하지 않는 윤리적인 소비를 추구하는 것이다. 동물성 음식이 아닌 것들을 비건 음식이라고 한다면 동물성 원료나 동물실험을 거치지 않은 화장품 등을 비건 제품이라고 한다. 밀랍랩도 꿀벌의 노동으로 지은 벌집을 사용하여 만드는 것이기 때문에 비건 제품이 아니다. 대안으로는 콩을 원료로 한 소이왁스를 활용하여 만든 '소이랩'이 있다. 만든 밀랍은 음식이 담긴 그릇을 덮어둘 때, 가볍게 음식 포장을 해야 할 때, 채소나 과일을 냉장고에 보관할 때, 장바구니에 물기 있는 것을 담을 때, 장바구니 바닥에 깔아서 물기가 새는 일을 막을 때 등 두루두루 사용할 수 있다.

수세미를
먹고 있을지도 몰라

드디어 회사 옆에 작은 방을 구했다. 나도 혼자 살 거야! 부모님의 잔소리, 귀찮은 동생과의 투닥거림에서도 완전 해방이다. 야식도 빼앗길 염려 없이 고상하게 먹고, 퇴근하고 돌아와서 옷도막 널브러뜨린 채 침대에 누워야지. 이게 진짜 혼자 사는 맛이라며 행복한 시간을 보내던 나날들…. 불과 며칠이 지난 후부터 바로 깨달았다. 그동안 집이 집다웠던 것은 누군가가 매일같이 설거지를 하고 빨래를 했기 때문이라는 것을.

빨래야 주말에 몰아서 한다지만 설거지는 정말 매일 해야 한다. 하루만 걸러도 상쾌한 나만의 공간이 스멀스멀 올라오는 음식 냄새로 뒤덮이기 쉬우니 말이다. 집요정 도비가 존재하지 않는 한 설거지는 나의 몫일 뿐. 그래 깔끔하게 살아야지, 하며 설거지를 해오던 와중 눈에 띄게 작아진 수세미. 혹시 내가 설거지를 하면 할수록 미세플라스틱이 만들어지는 거 아닐까? 갑자기 무서워진다.

내가 알던 수세미는 플라스틱 덩어리?

- 우리가 알고 있는 일반적인 초록 수세미는 셀룰로스, 나일론, 폴리프로필렌, 폴리에스테르 등의 합성수지. 간단히 말해 플라스틱으로 만들어진다.
- 사용하다 보면 조금씩 닳아 작은 조각들이 떨어져 나오는데 그것이 바로 미세플라스틱이다.
- 수세미에서 나온 미세플라스틱의 일부는 우리가 사용하는 식기에 남아 입속으로 들어가기도 한다.
- 하수구로 흘러간 미세플라스틱은 결국 저 멀리 바다로 향할 것이고, 그 조각을 삼킨 해양생물이 우리의 밥상 위에 다시 오를지도 모를 일이다.

수세미의 미래는 다시 수세미로 돌아가는 것!

- '박'과의 한해살이 덩굴식물인 수세미는 식용이기도 하지만 설거지용 천연 수세미로 사용 가능하다.
- 잘 말린 통수세미는 인터넷에서 2,000~3,000원이면 구입할 수 있다. 적당한 크기로 자르면 5개 가량의 설거지용 수세미가 나온다.

- 잘 자른 수세미는 물에 적시면 곧장 쓰기 적당한 수준의 무르기로 변신하고, 다 쓴 후에 놔두면 금세 건조되어 다시 딱딱해진다.
- 조직이 질기고 부드러워 그릇에 흠집이 나지 않는다.
- 섬유질 사이의 공기구멍이 많아 적은 양의 세제로도 거품이 아주 잘 난다.
- 수세미의 활용은 무궁무진! 비누받침대나 발 씻을 때 활용하면 매우 좋다.

너무 예쁜 손뜨개 수세미, 괜찮을까?

손뜨개로 만든 화려한 색감의 수세미는 '손'으로 만들었다는 점 때문에 친환경이라고 오해받는 대표적인 제품 중 하나이다. 손뜨개 수세미는 아크릴섬유를 이용해서 만들게 되는데, 아크릴섬유는 플라스틱을 섬유로 만든 것이므로 '플라스틱 수세미'라고 보는 게 맞다.

이 제품은 이미 가느다란 실로 이루어져 있어 오히려 일반 수세미보다 더 많은 미세플라스틱을 발생시킬 수 있다. 위생적으로 사용하기 위해서 뜨거운 물로 소독한다면? 자칫 고온에서 나오는 환경호르몬의 영향을 받게 될 위험이 있다. 플라스틱 없는 세상으로 가는 길은 생각보다 멀고 험하다는 사실!

음식물 쓰레기에 대한 고찰

어느 날 냉장고 맨 아래층 채소칸에서 정체 모를 갈색 액체가 흐르는 걸 발견하고는 범죄현장이라도 마주한 것처럼 조마조마한 마음으로 채소칸을 열었다. 고춧가루, 파우치에 담긴 한약, 호박즙, 비닐 봉투에 담긴 무 반토막…. 그렇게 켜켜이 쌓여 있는 것들을 하나씩 꺼내 씽크대에 옮겨 놓으니 갈색 액체의 정체가 드러났다. 바로 상추였다. 기억도 잘 나지 않는 그 언젠가 쌈채소를 사먹고는 남은 걸 넣어놨는데 잊었던 모양이다. 냉장고 속에서 흐물흐물하게 변했고, 비닐이 찢어졌는지 그 사이로 즙처럼 흘러내렸던 것. '이렇게 된 거, 냉장고 대청소 날이다!' 하고 나는 냉장고와 냉동실을 파헤쳐 유통기한이 지난 인스턴트 요리들과 마요네즈며 불고기 양념, 곰팡이 핀 깐마늘 등을 싹 버렸다.

우리가 버리는 생활 쓰레기 중 음식물 쓰레기가 차지하는 비율은 약 30% 정도 된다. 2017년 기준으로 하루에만 약 1만 6,000톤의 음식물 쓰레기가 버려진다. 이 중 보관하다가 유통기한이 지나서 버리는 식재료가 전체 음식물 쓰레기의 9%를 차지한다. 요리하다가 나온 쓰레기도 아니고, 먹기도 전에 버려지는 음식물 쓰레기라니. 사용하지도 않을 물건을 잔뜩 사놓고 썩히다가 내다 버린 것과 마찬가지라는 생각에 죄책감이 들었다.

《사람의 부엌》이라는 책에서 저자 류지현 씨는 "냉장고 문이 열리는 순간, 우리의 앎은 닫힌다"고 적었다. 식재료를 다양하게 보관하는 지혜가 사라진 냉장고는 어느 순간 쓰레기 저장고가 되기도 하니, 공감이 되는 말이다.

음식물 쓰레기를 만들지 않는 실천법

장 볼 때 필요한 것만 사기

필요한 식재료를 산다는 것은 그 종류뿐만 아니라 양에도 적용되어야 한다. 계란 10개가 필요한지 한 판이 필요한지 정확하게 판단해야 한다. 10개에 1,500원이고 한 판에 2,000원일지라도 필요한 만큼만 사는 것이 500원의 가치보다 중요하다.

냉장고에 내용물 적어놓기

가계부를 작성할 때 어디에 얼마나 지출했고 무엇이 얼마나 들어왔는지 정확히 적어두는 것이 중요하듯 냉장고에 어떤 식재료가 얼마나 있고 언제 샀는지 적어두는 것도 중요하다. 어떤 재료를 언제까지 소진해야 하는지 알면 어떤 음식을 얼마나 해야 하는지도 알 수 있기 때문이다. 식재료를 돈 쓰듯 신중하게 여기면 쉽게 버리지 않게 된다.

재료 보관법 바로 알기

인터넷 검색을 통해 식재료의 올바른 보관 방법을 쉽게 찾을 수 있다. 어떤 재료는 다듬어서 냉동 보관하고 어떤 재료는 물에 담가두고 어떤 재료는 건조한 곳에 보관하는 등 각 재료의 특성을 살린 보관법을 지키면 해당 재료를 신선하게 오래 쓸 수 있는 것은 물론 영양소의 손실도 최소화할 수 있다.

배고플 때 장 보지 않기

어쩌면 가장 중요한 요소가 아닐까? 배가 고플 때는 어떤 충동구매보다 과잉 소비를 하게 만든다. 배고플 때 장을 보면 1인분으로 충분할 것을 2인분 이상 사게 되고, 한 끼에 다 먹지 못한 음식은 대부분 냉장고에 들어갔다가 나오지 않게 된다. 이는 결국 음식물 쓰레기가 되기 쉽다.

안 먹는 반찬 무르기

식당에서 음식을 주문했는데 좋아하지 않는 반찬이나 먹지 못하는 반찬이 나오면 식사를 하기 전에 정중히 무르자. 한 번 상에 올랐으나 손도 대지 않은 채로 버려지는 식당의 음식물 쓰레기는 한 해 400만 톤으로 전체 생활 쓰레기의 25%에 달한다. 알아도 기억하자. 언제나 먹을 만큼만!

음식물 쓰레기라는 말 자체를 의심하기

음식물 쓰레기는 사실 먹지 않은 음식물이다. 다시 말해 우리가 제대로 소비했다면 쓰레기가 되지 않았을 식재료나 음식이라는 뜻이다. 먹을 수 있는 만큼만 차렸거나 먹을 수 있을 만큼만 샀다면 애초에 그 양이 확 줄어들 수밖에 없는 것이 음식물 쓰레기다.

음식물 쓰레기 제대로 버리기

물기는 꼭 짜고 너무 큰 것은 자르기

우리나라의 음식물 쓰레기는 식습관 특성상 수분이 많기 때문에 음식물 쓰레기 처리 시설로 반입된 후 80% 정도의 양이 폐수로 배출된다고 한다. 물기를 꼭 짜거나 하수구 거름망에 간편히 설치해 이용할 수 있는 탈수기를 활용할 수도 있고, 볕이 잘 드는 집이라면 간단한 생쓰레기는 말려서 버리거나 퇴비로 만들 수도 있다. 길이가 긴 채소류와 덩어리가 큰 수박은 잘게 잘라서 버린다.

과일의 씨, 조개 껍데기, 닭뼈, 티백, 이쑤시개, 생분해 거름망 등은 이물질이다. 제대로 걸러지지 않으면 음식물이 원활하게 자원화되는 것을 방해하기 때문에 유의하자.

지자체별로 음식물을 퇴비화하거나 자원화하는 시설이 다르고 이에 따라 버리는 방법도 달라진다. 내가 살고 있는 곳의 음식물 쓰레기 처리 과정이 어떤지 관심을 갖고, 지자체를 통해 정보를 확인하는 것도 지구를 위한 큰 행동이다.

#4
인싸왕의 에코라이프

반려 텀블러와
오래오래 행복하기

한 프랜차이즈 카페를 지날 때면 꼭 매장 안으로 들어가 한참을 들여다보고 나오곤 했다. 그 이유는 바로 텀블러 때문. 몇 해 전 일회용 컵을 끊기로 마음먹으며 텀블러를 구매했고, 그날 이후 거짓말처럼 세상의 모든 텀블러가 내 마음에 들어오기 시작했다. 특히 시기별로, 매장별로, 지역별로, 나라별로 다양한 텀블러를 구비한 정말 무시무시한 그 카페를 그냥 지나치는 것은 너무 힘든 일이다. '이건 좀 가벼우니까', '이건 너무 귀여우니까', '이건 보온이 잘 되니까', '이건 사무실에 놓고 쓰기 좋으니까'라며 자기합리화를 방패 삼아 각종 텀블러를 사다 보니 어느새 나에게 붙은 별명은 '텀블러 콜렉터'. 일회용 컵 안 쓰면 뭐하니, 이렇게 사놓고 쓰지도 않는 텀블러가 집에 한가득인데. 스스로에게 부끄러워진 나는 이번 주말 친구들을 집으로 불러 텀블러를 나눠줄 생각이다. 자타공인 텀블러 콜렉터인 내게서 그동안 열심히 모아온 텀블러를 하나씩 선물받은 친구들이 앞으로 일회용 컵과 제대로 이별하기를 바라면서. 그런데 나처럼 텀블러 수집가가 되어버리면 어쩌지?

텀블러 사용하면 뭐가 좋아?

- 일회용 플라스틱 컵 재활용률 고작 5%. 분리배출로 절대 해결할 수 없는 플라스틱 문제의 해결사!
- 가게마다 다르지만 100~1,000원의 텀블러 할인을 받을 수 있다.
- 밀폐용 텀블러를 이용하면 음료를 소지하고 버스 등의 대중교통을 이용할 수 있다.
- 일회용 플라스틱 컵을 사용할 때 발생하는 유해물질도 피할 수 있다.
- 음료의 온도를 일정하게 유지시켜준다.

제로웨이스트의 가장 쉬운 실천, 텀블러 고르기

일회용 플라스틱 컵의 재활용률이 고작 5%라는 뉴스는 우리 모두를 놀라게 했다. 분리배출로도 절대 해결할 수 없는 플라스틱 문제의 해결사, 텀블러를 제대로 사용해보자. 나에게 꼭 맞는 제품을 만난다면 오래도록 텀블러 하나만 사용할 수 있어 더 좋다.

재질 꼼꼼하게 보기

일단 지구를 괴롭히는 플라스틱은 NO! 스테인리스 제품을 사용하자. 식품용으로 사용하는 스테인리스는 대부분 잘 녹슬지 않는 좋은 스테인리스 제품이니 안심하고 사용할 수 있다. 스테인리스의 차가운 느낌이 싫다면 내부가 자기로 만들어진 제품도 있다. 하지만 오랜 시간 사용한 후 텀블러를 버릴 때까지 고려해 재활용이 쉽도록 단일 재질로 된 텀블러를 사는 것이 더 좋다. 몸체부터 뚜껑까지 스테인리스로 되어 있는 텀블러는 안정성과 재활용 면에서 우수하다.

뚜껑과 입구 모양 살피기

보통 텀블러의 뚜껑은 밀폐 유무에 따라 두 가지로 나뉜다. 가방에 아무렇지 않게 던져 넣고 다니는 걸 좋아한다면 밀폐용 뚜껑의 텀블러를 고르자. 슬라이드 방식 등 음료가 샐 수 있는 뚜껑의 제품은 사무실에 두고 개인 컵으로 사용하면 좋다.

보온과 보냉 가능 여부 확인하기

스테인리스 텀블러라고 다 보온이 되는 것은 아니다. 사용설명

서를 꼼꼼히 확인해보자. 어떤 텀블러는 보냉만 되기도 하고, 보온·보냉기능이 없거나 뜨거운 음료를 담기 어려운 제품도 있다.

세척이 쉬운 것 선택하기

입구가 본인의 손이 들어갈 수 있을 정도의 크기여야 세척이 쉽다. 또한 대나무, 스테인리스 빨대 등을 이용한다면 빨대 전용 세척솔도 필수.

텀블러가 진짜 '에코템'이 되려면?

구매욕을 자극하는 텀블러는 때마다 수도 없이 쏟아져 나온다. 텀블러를 가지고 다니는 것이 나의 환경 개념을 챙기는 것뿐 아니라 '힙한 액세서리'까지 되어주니 사람들의 가방 속에서 텀블러를 찾는 것은 더 이상 어려운 일이 아니다. 텀블러를 가지고 카페를 이용하는 사람들이 증가하면서 자연스레 일회용 컵의 사용량은 줄어들었을 테지만, 정말 텀블러가 지구를 구하고 있을까? 텀블러 사용으로 실제 환경까지 보호하기 위해서는 최소한 20~100회 이상 사용해야 그 효과가 있다는 다양한 연구 결과가 많다. 또한 생산단계에서부터의 환경부담을 감안하면 어떤 텀블러는 1,000회 이상을 사용해야 한다는 발표도 있었다. 두어 번 쓰고 새로운 텀블러를 구입하여 사용한다면 당연히 환경을 해치는 일이 될 것이다.

일회용품이 환경에 나쁜 이유는 유해물질로 지구를 오염시키기 때문이기도 하지만 근본적으로 쉽게 사용할 수 있고 자주, 많이 버려지기 때문이다. 일회용품의 대체재로서 텀블러를 선택했다면 그 의미에 알맞게 오래 옆에 두고 아껴 사용해보자. 세월이 흐르며 나에게 길들여지는 텀블러를 보는 재미도 쏠쏠할 것이다.

빨대의 변신은 무죄

점심식사 후에는 아이스아메리카노를 시원하게 한 잔 마셔주는 것이 이 시대 직장인들의 필수 코스 아닐까? 더워도 너무 더운 오후, 동료와 함께 회사 앞 새로 생긴 카페에 가보기로 한다. 역시나 바글바글한 직장인들 사이를 비집고 들어가 가져온 텀블러를 내밀며 간신히 주문에 성공하고는 느긋하게 기다린다. 몇 분이 지나고 내 앞에 나타난 것은 텀블러에 담겨 있는 시원한 아이스아메리카노와 그 사이 우뚝 솟은 빨대. 단골 매장에서는 당연히 빨대를 빼주셔서 생각도 못 했는데, 결국 또 플라스틱 어택에 당해버렸다. 플라스틱 컵은 못 쓰게 하면서 빨대는 왜 쏙 빼는 걸까. 2022년부터는 카페에서 플라스틱 빨대 사용이 금지된다는데, 그때까지는 내가 알아서 잘해야 하는 거겠지?

일회용 빨대를 대체할 다양한 빨대를 소개할게

스테인리스 빨대

잘만 보관한다면 내 삶이 다하는 날까지(?) 쓰고 후손에게 물려줄 수도 있는 강력한 재질을 자랑하는 스테인리스 빨대는 일자형과 ㄱ자로 굽어진 형태가 있다. 빨대를 판매하는 곳에서 전용 솔도 함께 판매하니 같이 구매하면 세척이 편리하다.

그동안 플라스틱 빨대에 너무 익숙해져버린 나머지 빨대에 집중하지 않고 다른 곳을 쳐다보며 입만 빨대에 가져간다면, 잇몸이나 입술에 자칫 상처가 날 수 있다. 요즘엔 입에 닿는 부분에 실리콘 보호장치가 끼워져 있는 빨대도 판매한다.

대나무 빨대

일단 촉감이 너무 좋다. '찐' 자연 빨대이니 쓰면서 기분도 좋아지고 버릴 때도 죄책감이 덜하다는 장점이 있다.

세척을 잘 해야 한다. 세척 후 잘 말리지 못하면 곰팡이가 생길 수도 있다. 또 사람에 따라 나무맛이 음료의 맛을 해친다는 의견도 있다. 스테인리스 빨대와 같이 세척솔이 필수다.

유리 빨대

예쁘다. 그 어떤 빨대보다 음료 본연의 맛을 느끼게 해준다. 강화유리로 되어 있는 유리 빨대는 함부로 사용하지만 않는다면 오래오래 청결하고 위생적으로 사용할 수 있다. 역시 세척솔로 세척해 관리한다.

아무리 조심한다고 해도 유리이기 때문에 휴대하면 깨질 위험이 높다.

실리콘 빨대

잘 휘어지고 보관이 편리해 휴대하기 좋다. 열 전도가 잘 되지 않는 것도 장점이다. 모양도 참 다양한데, 일반적인 빨대 모양을 넘어 세로로 갈라 펼칠 수 있는 개방형 실리콘 빨대도 개발되어 세척에 편리함을 더했다.

실리콘의 특성상 음료의 맛이 약간씩 밸 수 있다. 커피, 홍차 등 향이 강한 음료에는 구분하여 사용하는 것이 좋다.

더 많은 상상력

쌀, 타피오카, 파스타 등을 활용한 빨대가 간간히 인터넷에서 화제다. 음료를 마시다 씹어 먹을 수도 있고, 사용을 다한 빨대는 씻어서 파스타로 만들어 먹기도 한다. 또한 자연 그대로를 사용하는 대나무 빨대처럼 밀, 짚 등을 그대로 잘라서 사용하는 빨대도 있다.

생분해성 빨대나 종이 빨대는 괜찮다던데

요즘 생분해성 플라스틱 빨대나 종이 빨대 등을 제공하는 카페가 많아지고 있다. 물론 기존의 플라스틱 빨대보다는 환경에 덜 치명적일 수도 있다. 하지만 현재 나온 생분해성 플라스틱 빨대는 100% 분해가 가능한 경우가 적고, 분해된다 해도 나쁜 물질이 남는 경우가 많다. 그리고 중요한 점은 일회용품 문제를 이야기할 때 그 재질이 무엇인가 하는 것은 사실 부차적인 문제라는 사실이다. 다회용기를 쓸 수 있음에도 편리하다는 이유로 한 번 쓰고 버리는 그 자체가 자원을 낭비하고 폐기물 발생량을 증가시키니 말이다. 종이 빨대는 부피가 너무 작아서 버렸을 때 재활용 종이로 다시 선별되기도 어렵다고 한다. 일회용 빨대 대신 다회용 빨대 챙기기, 음료 주문할 때 빨대 사양하기 등 신경 쓸 게 하나 더 늘어 불편할지도 모른다. 하지만 우리의 이런 작은 실천은 쉽게 쓰고 버리는 습관적 일회용품 소비보다 훨씬 나은 선택이 될 것이 분명하다.

걷기만 했을 뿐인데

생각이 필요할 때, 마음이 답답할 때, 잔뜩 먹은 저녁이 속을 시끄럽게 할 때, 나는 걷는다. '산책 갈까?'라는 말에 마음이 설레고 기분이 좋아지는 건 우리집 반려견뿐이 아닐 것이다. 엉덩이를 뗄 때의 귀찮음을 잠깐 참고 첫 발을 내딛으면 그때부터 큰 힘 들이지 않고 두 발이 알아서 척척 나를 걷게 한다. 짧은 거리만 걷는 것은 아니다. 스페인의 산티아고 대성당을 향하는 '까미노 데 산티아고'의 한국인 비중은 비서구권에서 1위를 차지하고, 올레길을 시작으로 전국의 다양한 걷는 길 위에는 언제나 사람들이 가득하다. 다양한 교통수단이 존재하는 지금의 사회에서 '걷는다'는 것은 더 이상 자연스럽기만 한 행위가 아니다. 굉장히 의식적인 행동이고 노력을 필요로 하기도 한다. 아침방송에서는 걷기를 만병통치약인 것처럼 추켜세우기도 한다. 이런 걷기가 나를 건강하게 하고 지구까지 건강하게 만들 수 있다면?

어디서나 당당하게 걷기

바르게 걷기

걷기 자세에 대해서 참고하는 것은 중요하다. 자칫 잘못된 자세로 오랜 시간 걸었다가 몸이 더 안 좋아질 수 있기 때문이다. 하지만 참고는 하되 나만의 속도, 나만의 편안한 걸음을 찾아야 한다는 점도 잊지 말자.

- 일주일에 최소 빠르게 걷기 150분, 혹은 매우 빠르게 걷기 75분.
- 시선은 전방을 향하고 자연스럽게 코로 들이마시고 입으로 내쉬는 호흡을 한다.
- 턱은 가슴쪽으로 살짝 당기고 상체는 5° 앞으로 기울인다.
- 팔은 앞뒤로 자연스럽게 흔든다. 팔꿈치는 살짝 구부린다.
- 무릎 사이가 스치는 듯한 느낌으로 걷는다.
- 발뒷꿈치를 시작으로 발바닥, 발가락 순으로 힘을 이동시킨다.

걸으면서 쓰레기 줍기

- 플로깅(plogging)은 이삭을 줍는다는 뜻의 스웨덴어 'plocka upp'과 조깅 'jogging'의 합성어로 길의 쓰레기를 주우며 달리는 환경캠페인이다.
- 유럽에서 시작한 플로깅 운동이 전 세계적으로 열풍이다. 우

리나라에서도 정기적으로 플로깅 마라톤이 열리니 찾아보자.

- 쓰레기봉투와 장갑, 집게를 준비한다. 혼자도 좋고 친구와 함께해도 좋다.

- 가고 싶은 걷기 코스를 고른다. 집 앞에서 시작하는 나만의 코스도 좋다.

- 원하는 속도로 걸으며 주위에 보이는 쓰레기를 주워 준비해 간 봉투에 넣는다.

- 플로깅하며 찍은 사진을 SNS 등에 올려 주위 친구들과 공유한다. #plogging #줍깅, 해시태그도 잊지 말 것.

- 'Litterati'라는 앱에 수거한 쓰레기 중 플라스틱 사진과 정보를 올리면 전 세계 데이터로 축적된다. (www.breakfreefromplastic. org/brand-audit-online-form)

걸으며 골목 기록하기

- 도시는 그 자체로 훌륭한 박물관이다. 두 발로 걸으며 풍경을 기록한다.

- 어디든 좋지만 역사가 쌓인 곳을 걷기 코스로 선택하면 더 재미가 있다.

- 너무나 빠르게 변하는 도시의 골목 골목을 다니며 그 안에 남은 지난 풍경을 발견한다.

- 사진으로 담아도 좋고, 그림으로, 텍스트로 남겨도 좋다.

- 원하는 방식으로 기록을 쌓아 나만의 기행록을 만들어간다.

걸으며 기부하기

- 걷는 만큼 걸음 수가 앱에 쌓이고, 쌓인 걸음 수를 현금처럼 이용할 수 있는 기본 원리를 이용한다.
- 빅워크, 워크온 등 걷기 기부 앱을 골라 다운받는다.
- 매일 걸으며 걸음 수를 쌓는다.
- 앱 안의 사회공헌활동을 살펴보고 내 마음에 드는 활동을 선택한다. '기부'하고 '기부니'가 좋아진다.

장점 많은 걷기, '걷는 길'에 대한 고민

걷는 길이 더 많이 조성되고 사람들이 그 길을 많이 찾으면 자연스레 지구도 건강해질 수 있을 것만 같다. 그렇게 되면 얼마나 좋겠냐만, 지금까지의 걷는 길 조성 상황을 보면 그렇지 않다. 걷기에 대한 사람들의 관심이 높아지면서 각 부처와 지자체가 유행처럼 길을 만드는 사업에 뛰어들었다.

원래 있는 길이 걷기에 전혀 불편함이 없는데도 추가로 데크를 설치하거나, 경관이 좋다는 이유로 오르기 힘든 곳까지 목재 길을 만들기도 했다. 또한 아름다운 풍경으로 유명한 곳은 각 부처와 지자체의 경쟁적인 걷기 길 조성으로 2개, 많게는 8개까지 중복으로 길이 조성되어 이용자들에게 혼선을 줄 뿐더러 환경을 해치고 예산을 낭비하는 경우도 있다. 이렇게 중구난방으로 조성한 길은 사후관리가 잘 되지 않아 유실되거나 흉물로 방치되는 경우도 많다.

걷는다는 것은 생태적 감수성을 키우는 일이고, 그 감수성을 살려 숲을 찾고 관찰하고 즐기고 싶어하는 것은 건강하고 자연스러운 현상이다. '걷기'가 자연과 사람을 잇고 역사와 문화를 잇기 위해서 걷는 환경에 대한 사람들의 관심과 정부, 지자체의 바람직한 자세가 필요하다.

산을 진심으로
사랑하는 방법

아, 또 그날이 오고야 말았다. 이놈의 등산요일은 왜 이렇게 자주 돌아오는 것 같지? 등산을 매우 좋아해서 별명이 산꼭대기인 우리 과장님은 기어코 한 달에 한 번, 셋째 주 금요일에 전 팀원이 산을 오르는 '등산요일'을 만들고야 말았다. 물론 주말마다 부장님이 산에 데려간다는 전 남친네 회사 상황보다는 업무시간에 가는 내가 낫지만 그래도 불편한 건 마찬가지다. 사실 나도 산에 가는 걸 좋아하는 편이라고 할 수 있다. 쾌청한 날, 좋아하는 친구와 함께 둘레길 걸으며 수다를 떨면 평일의 스트레스가 다 날아가는 것 같다고. 그런데 과장님의 등산 스타일은 영 마음에 안 든단 말이야. 꼭 정상까지 올라야 하고, 정상에서는 바리바리 싸온 간식을 먹어야 하고, 산에서 내려오면 꼭 파전에 막걸리는 필수고, 등산복은 어찌나 자주 바뀌는지 아주 피곤하다.

산을 좋아하는 사람들, 산도 사람을 좋아할까?

- 서울시 각 지자체가 관리하는 주요 5개 산인 수락산, 불암산, 청계산, 관악산, 인왕산을 조사한 결과 모든 산에서 심각한 훼손이 발생한 것을 확인했다. (2017, 녹색연합)
- 등산 인구가 늘며 자연스레 등산로를 정비하고 넓히게 되면서 산림면적은 해마다 줄고 있다.
- 양손에 등산스틱을 짚고 산을 오르는 인구가 많아지며 산이 망가지고 있다. 등산스틱 끝부분의 철심은 강도가 약한 돌이나 바위를 부수고 흙과 식물에게 나쁜 영향을 준다.
- 산의 주인은 사람이 아닌 야생동물과 산에서 자라는 식물이다. 더 많은 사람들이 여가를 위해 산을 찾을수록 원래 주인인 야생동물의 주거지는 사라지게 된다.

사람도 산도 건강하게, 기본만 지켜도 이미 성공!

- 정해진 등산로만 간다. 환경 피해도 최소화할 수 있고, 위험에서도 비교적 안전하다.
- 정상 정복을 목표로 하는 것이 아닌, 둘레길을 걷는 편안한 등산을 즐긴다.
- 산불방지 기간, 입산금지 기간을 꼭 지킨다.
- 내가 듣는 음악을 모두가 좋아할 것이라는 착각을 버린다. 음악은 이어폰으로 듣자.

- 간식은 습식보다는 건식을 준비해 음식물 쓰레기 발생을 최소화한다.
- 등산스틱을 꼭 써야 한다면 고무마개를 씌우자.
- 일회용품, 휴지 등은 되도록 사용하지 않으며 쓰레기는 되가져온다. 담배는 절대 피우지 않는다.
- 나를 받아준 산에게 감사하며 눈에 보이는 쓰레기는 미리 준비한 쓰레기봉투에 수거한다.

환경단체에서는 케이블카 설치를 왜 반대할까?

산에 오를수록 산과 야생동물에게 피해를 주게 된다면 케이블카를 설치하는 것이 낫지 않을까? 그런데 환경단체에서는 설악산 국립공원 케이블카 설치를 왜 반대할까?

케이블카는 산을 오르는 번거로움과 노력 없이 우리를 산 위로 편리하게 올려준다. 때문에 케이블카가 설치되면 등산객뿐 아니라 산을 쉽게 구경하려는 관광객까지 몰려들어 오히려 훨씬 더 많은 자연훼손이 일어날 것이다. 수많은 사람들이 케이블카로 쉽게 정상에 오르고 등산로를 통해 하산하면서 정상부와 등산로의 훼손이 더욱 가속화될 것이라는 전망이다. 케이블카가 설치된 권금성을 생각해보자. 현재 너른 바위로 되어 있어 이전 모습을 상상할 수 없지만 권금성은 과거 식생이 온전하게 분포되어 있는 초록의 산이었다.

우리나라에서 산양이 가장 많이 사는 곳, 설악산. 산양이 타고 놀던 바위에는 철심이 박힐 것이고, 그곳에 자라던 나무들은 모두 베어질 것이다. 요란스러운 케이블카가 움직이는 순간 산양의 집은 사라지게 된다. 산양이 살던 산에 산양은 없고 사람만 가득할 텐데, 그런 산에 정말 가고 싶을지 생각해보자. 산양은 케이블카를 타지 않는다. 우리도 케이블카를 타지 않으면 안 되는 것인지 의문이 든다. 산양과 같은 속도로, 숨이 턱 끝까지 차오르는 느린 걸음으로 산에 올라야 그 아름다움을 즐길 권리가 비로소 우리에게 있지 않을까?

풍선은 거들 뿐

하늘 위로 날아가는 수백, 수천 개의 풍선들. 형형색색의 아름다운 빛이 하늘을 가득 채우면 느껴지는 행복. 정말로 희망이 차오르는 것 같은 효과를 주기도 하는 풍선 날리기는 어릴 적부터 어떤 희망의 상징이었다. 그래서 신년 행사로 풍선을 생각하는 것은 어찌 보면 자연스러울 수도 있다.

그래서일까? 지자체뿐 아니라 호텔 등 민간업체가 주도하는 풍선 날리기 이벤트까지 셀 수 없이 많다. 대형 이벤트로 만나는 풍선이 주는 잠깐의 행복. 하지만 그 후 긴 시간 동안 야생동물은 죽음의 절망과 싸우게 된다. 친구들과의 홈파티를 더욱 즐겁게 만들어주는 레터링 풍선은 또 어떤가. 하지만 우리는 흥의 민족! 풍선은 환경오염만 거들 뿐 우리의 흥은 거들어주지 않는다. 풍선을 대체할 수 있는 아이디어는 무궁무진하다. 자연도 즐겁

고 나와 친구들도 즐거울 수 있는 파티 아이디어를 함께 즐겁게
고민해보자.

희망 풍선? 날아간 후 야생동물에게는 절망 풍선!

- 풍선은 크게 두 종류로 나뉜다. 라텍스 풍선과 호일 풍선인데,
  일반적으로 '풍선'이라고 하면 보통 라텍스 풍선이다. 호일 풍
  선은 각종 파티에 글자나 숫자를 표기하고 싶을 때 유용하다.

- 호일 풍선은 합성수지에 은박 알루미늄을 입혀 만든 것으로
  '플라스틱'이다. 잠시 예쁘게 전시된 후 플라스틱 쓰레기로 버
  려진다.

- 라텍스 풍선은 플라스틱보다는 빨리 분해되지만 최대 4년 이
  상이 걸리고, 풍선이 터질 때 눈에 보이지 않는 미세한 가루가
  날려 생태계에 영향을 준다.

- 하늘에 올라간 풍선 중 80% 이상이 바람이 빠진 채 지상으로
  내려와 쓰레기가 된다.

- 바다에 떨어진 풍선조각은 얇은 해초류 조각처럼 생겼기 때
  문에 조류 혹은 해양 동물이 먹이로 착각해 먹는 경우가 많고
  수거가 거의 불가능하다. 특히 바다거북은 해파리를 곧잘 먹
  곤 하는데 비닐봉지나 풍선 등을 잘못 먹는 사례가 적지 않다.

- 풍선에 달린 끈 때문에 다리나 목이 묶여 날지 못하거나 사망
  하는 야생조류도 많이 목격된다.

그동안 즐거웠고, 이제 더는 보지 말자

- 영국, 스페인, 네덜란드 등 유럽의 많은 도시와 미국 뉴욕주에 서는 풍선 날리기 행사를 금지하고 있다.
- 경기도는 2019년 연말부터 도내 31개 시군과 산하기관의 모 든 행사에서 풍선 날리기를 전면 금지하기로 했다.
- 대전시의 시민단체가 풍선 날리기의 위험성과 유해성을 적극 적으로 알려 대전 동구와 대덕구의 풍선 날리기 프로그램을 취소하기도 했다.

풍선 날리기 행사, 친환경 풍선이면 괜찮을까?

친환경 풍선은 보통 미생물로 분해되는 생분해성 플라스틱으로 만들어진다. 생분해성 플라스틱 인증 조건은 약 60℃에서 6개월 내에 플라스틱이 90% 이상 분해되는 것인데 실제 자연환경에서 는 이를 충족하기 어렵다. 게다가 일반적으로 미생물이 많은 토 양에 비해 해양에서는 분해 속도가 더욱 느리다. 결국 대량의 폐 기물을 발생시키는 풍선 날리기는 하지 않는 것이 좋다.

풍선 날리기 행사의 또 다른 맹점은 이 행사가 보통 큰 규모로 진 행되는 경우가 많다는 것이다. 풍선을 보기 위해 몰린 많은 사람 들에게 음식을 제공할 때 일회용기나 일회용 수저를 사용하게 되면 그 상황에서도 많은 쓰레기가 생겨나기 때문에 또 다른 문 제가 된다.

쓰레기 없는 축제

무더운 여름이 가고 선선한 바람이 불어오니 자꾸 엉덩이가 들썩인다. 친구들은 벌써부터 올해의 'Must-Festival List'를 만들어 전국을 누빌 기세다. 축제 하면 또 난데…. 작년에 다녔던 몇몇 축제를 생각해보니 마냥 신날 수만은 없다. 분리수거함에 가득 쌓여 있던 플라스틱 컵, 음식물 쓰레기와 잔뜩 섞인 일반 쓰레기통의 그릇, 공연장을 나뒹구는 비닐봉투까지. 하루 반나절 신나게 놀고 집에 가는 길에 봤던 그 풍경에 신났던 기분이 오히려 더 우울해졌던 기억이 떠올라 마음이 다시 무겁다. 왜 축제는 신나기만 할 수 없는 걸까? 쓰레기 걱정 없이 마음껏 신날 수 있는 축제 어디 없을까?

페스티벌과 쓰레기가 무슨 상관?

- 2019년 여름 서울시에서 열린 축제 '밤 도깨비 야시장' 네 곳의 일회용품 사용 실태 모니터링 결과, 방문객 1인당 평균 2.3개의 일회용품을 사용한 것으로 파악되었다.

- 일회용품의 종류는 종이 컵·용기, 플라스틱 컵·용기, 나무젓가락, 플라스틱 숟가락, 플라스틱 빨대, 종이 슬라브 등 다양했다.

- 음식 페스티벌뿐 아니라 다양한 페스티벌의 콘셉트 자체가 먹고 마시며 즐기기 위한 구성이 많기 때문에 필연적으로 음식과 음료를 담을 용기가 필요하고, 쓰임을 다한 용기와 수저는 쓰레기가 된다.

- 음식물을 깨끗하게 씻어서 분리배출을 할 수 없기 때문에 분리배출을 한다 해도 내용물이 묻어 있어 재활용이 불가능한 경우가 많다.

쓰레기 없는 축제, 어디 없나?

<We Love Green> 프랑스 파리의 음악 축제

프랑스의 큰 음악축제 중 하나인 We Love Green의 목표는 축제에서 사용하는 에너지의 100%를 재생에너지로 전환하는 것이다. 또 판매되는 모든 음료는 재사용 컵에 판매되어 재사용 컵 반납 시 보증금을 돌려받을 수 있다. 페스티벌의 구조물은 재활용을 기반으로 한 예술작품을 공모하여 설치하고, 티켓 구매 시 참가자가 환경단체 기부에 참여해볼 수 있도록 1유로가 더 포함된 티켓 구매를 제안한다.

\<Wonderfruit\> 태국 파타야의 캠핑 축제

친환경 캠핑 축제인 원더프루트에서는 지역에서 직접 농사지은 것들로 만들어진 로컬푸드, 채식을 기본으로 다양한 음식이 제공된다. 축제 참가자들은 개인컵을 지참하거나 (플라스틱 금지) 주최측에서 마련한 컵을 구입하여 사용해야 한다. 원더프루트는 전 세계의 축제 및 행사 주최자들이 탄소발자국을 줄이는 것뿐 아니라 작은 도시, 때로는 대도시, 작은 나라에 버금가는 축제 폐기물의 양을 줄이기 위해 협력해야 한다고 주장한다.

\<Latitude\> 영국 서포크의 음악 축제

행사 안내 홈페이지에는 컵 환급제도 등의 정보를 명시하여 참여자들이 행사 전에 환경에 미칠 영향에 대해 스스로 생각할 수 있도록 돕는다. 또한 축제 참가자들이 탄소발자국을 줄일 수 있도록 대중교통 경로와 자전거 등 다양한 방법으로 오는 길을 제공한다. 축제 홈페이지의 GREEN 섹션에는 이런 말도 적혀 있다. "이제 미래의 아이들이 깨끗한 세상을 즐길 수 있도록 변화시킬 때입니다."

<코리안 백패커스 데이> 제로그램의 친환경 캠핑 축제

2015년 시작된 제로그램 캠핑 축제는 지속가능한 백패킹 문화를 만들기 위해 시작되었다. 기본으로 'LNT(Leave No Trace: 흔적 안남기기)' 수칙을 지켜야 한다. 따라서 참가자들은 다회용기와 각종 캠핑용품으로 즐거운 1박 2일을 즐기며, 부대 행사로 응급처치 강의뿐 아니라 트래킹, 볼더링, 팩래프팅, 프리스비 등 자연에서 즐길 수 있는 프로그램이 제공된다.

강원도 강릉 커피 축제

강원도 강릉의 커피 축제는 2018년부터 일회용 플라스틱 컵을 금지하여 쓰레기 양을 획기적으로 줄이고 있으며, 축제에서 다회용기를 제공하는 회사 트래쉬버스터즈는 다양한 축제에서 일회용기 사용을 줄이고 쓰레기 없는 깨끗한 축제를 만드는 데 힘쓰고 있다.

축제를 직접 기획한다면 어떤 것을 신경 써야 할까?

녹색연합에서는 '일회용 없는 축제를 위한 체크 리스트'를 만들어 공유하고 있다. 축제를 기획할 때 아래의 9가지 항목만 잘 지켜도 우리의 축제는 즐겁고 신나면서도 지속가능하지 않을까?

• 행사장은 대중교통 이용이 편리한 장소에 위치해 있다.
• 행사 홍보물에 다회용기를 가져오라고 안내되어 있다.

- 행사장에서 다회용기를 씻을 수 있게 준비되어 있다.
- 행사장에 쓰레기 분리배출 처리장이 설치, 안내되어 있다.
- 참가자들이 음식을 남기지 않도록 안내한다.
- 식수를 제공하여 플라스틱병 생수를 사용하지 않는다.
- 물건을 파는 부스에서 일회용 비닐 포장을 사용하지 않는다.
- 음식을 파는 부스에서는 일회용기나 수저를 사용하지 않는다.
- 음식을 파는 부스에서 다회용기 지참 시 할인 등 인센티브를 제공한다.

동물을 괴롭히는
동물 축제

지역마다 축제가 참 많다. 해당 지역의 경제를 살리기 위해 열리는 행사들로 이런 축제들 중에는 동물의 이름을 내세우는 경우도 많다. 문제는 동물의 이름을 내걸고 있는 대부분의 축제가 동물들한테 고통을 가하는 프로그램으로 채워져 있다는 것이다. 동물을 잡고, 괴롭히고, 먹는 것이 과연 축제일 수 있을까? 우리는 이 축제에서 정말 즐거울까?

동물을 위한다면, 돌아봐야 할 축제의 모습들

화천 산천어 축제

화천은 바다와 멀리 떨어진 곳으로서 원래부터 산천어가 자생하지 않는다. 축제 기간 전에 대량의 산천어를 화천으로 공수해 와야 하는데, 개울가에서 몇 마리씩 사는 물고기들을 엄청난 밀도로 몰아 넣어 차에 싣고 이동하는 과정에서 우선 극심한 스트레스를 받게 된다. 축제 기간 중 대표적인 프로그램인 '맨손잡기'는 무릎 높이 정도로 얕은 물이 찬 수조 안에 들어가 3분 동안 맨손으로 산천어를 잡는 방식이다. 수온이 20℃ 이하로 떨어져야 살 수 있는 산천어를 수많은 참가자들이 36.5℃인 체온으로 잡거나 옷에 보관한다. '이색체험'이라고 부르지만 사실 양식으로 가둬 놓은 산천어를 마구잡이로 죽이는 것과 같다.

함평 나비 축제

매해 4월 말에서 5월 초 사이 전남 함평군에서는 '함평 나비 대축제'가 열린다. 함평에 자생하는 나비를 이용하는 것이 아니라 인공적으로 부화한 나비를 푸는 것인데, 축제를 어린이날이 있는 기간에 하다 보니 나비의 생태 조건보다 이른 시기에 야외로 날려 보내게 된다. 낮은 기온에 적응하지 못한 나비들은 오래 버티지 못하고 죽게 된다. 게다가 실내에서 알을 낳거나 번데기가 된 나비도 축제가 끝나고 생태관이 문을 닫으면 쓰레기로 버려진다고 한다.

대하 축제, 꽃게 축제, 주꾸미 축제…

현재 많은 동물 이용 축제는 동물을 잡고 먹는 데 초점이 맞춰져 있다. 산란기 또는 산란 직후는 적어도 피해야 하는데, 이러한 생

산천어 축제

태적 고려나 생명에 대한 존중 없이 동물을 놀이처럼 잡고 먹는 대상으로만 보는 것이 대부분 축제의 모습이다.

진짜 동물 축제를 열자

- 모든 동물들은 만지는 상황에 대해서 스트레스를 받는다. 직접 만지고 체험하는 일은 동물과 교감하는 것이 아니라 괴롭히는 것임을 알자.

- 동물과 곤충에 대해 알고 싶다면 거리를 두고 동물을 관찰할 수 있는 방식이어야 한다. 동물과 거리를 두고 생명을 존중하는 법을 배우는 것이 우선이다.

- 축제를 위해 외부적인 공급이나 투입에 의존하는 방식은 지속적일 수 없다. 시흥 갯골 축제, 군산 세계 철새 축제, 서천 철새 여행 등 지역에 사는 동물의 생태와 서식환경을 이해할 수 있는 축제를 경험해 보자.

- 동물 없이, 간접적으로 동물의 입장이 되어 보는 축제도 가능하다. 동물과의 공존을 생각해볼 수 있을 때 진짜 동물 축제가 아닐까?

출발부터 돌아올 때까지
생태여행으로

자연이 수용할 수 없을 정도로 많은 사람들이 찾고, 그곳의 환경과 지역주민들의 삶을 파괴하는 관광을 오버투어리즘이라고 한다. 코로나19가 있기 전, 이탈리아의 유명 관광지 베니스에는 해마다 시 인구의 450배가 넘는 사람들이 방문했다고 한다. 관광선이 다니는 운하 곳곳은 쓰레기가 넘치고, 들끓는 관광객들로 주민들은 불편을 호소했다. 필리핀 보라카이는 하루 평균 100톤 이상의 쓰레기가 발생하고 오염된 물이 바다로 흘러가 백사장이 녹조로 뒤덮이는 등 환경 문제로 6개월 동안 섬을 폐쇄한 바 있다.

이런 오버투어리즘은 먼 나라 일이 아니다. 국내 여행지에서 가장 심한 곳은 제주도로, 코로나19 전까지 하루 평균 약 10만 명이 제주를 방문했다. 관광객의 증가로 아름답던 해변과 중산간은 난개발로 파괴되고, 처리할 수 없는 쓰레기 수만 톤이 그대로 방치되어 있다. 해변은 물론 바닷속에도 각종 쓰레기가 계속 쌓이고 있으며, 정화되지 못한 하수가 바다로 흘러든다. 교통체증과 범죄증가, 부동산 값 폭등 등 주민들의 삶의 질은 팍팍해졌다. 제주의 환경 수용성, 사회 수용성은 이미 한계를 초과한 상태라고 말한다.

지친 당신에게 자연은 언제나 모든 것을 내어준다. 코로나19로 집에 있는 시간이 많아지면서, 집을 떠나 자연을 만나고 휴식을 취하는 것이 얼마나 소중한 일인가 새삼 깨닫게 됐다. 여행과 관광을 목적으로, 우리는 자연을 찾아 쉼과 충전을 얻었지만 우리가 다녀간 그곳은 어떤 모습으로 남아 있을까?

우리는 이제 다른 방식의 여행을 고민해야 한다. 우리의 여행이 지속되기 위해서는 어떤 노력들이 필요할까? 출발부터 다시 돌아올 때까지 하나하나 짚어보자.

생태적인 여행을 위한 체크리스트

탐방예약으로 인원을 제한하는 여행지

사람들의 발길이 닿는 곳은 어쨌든 훼손된다. 탐방예약제는 너무 많은 인원이 방문하여 수용할 수 없는 상태가 되지 않도록 인원을 제한한다. 지역주민들이 해설사로 참여하는 곳도 있다. 이런 탐방예약을 운영하는 여행지를 찾아 방문해보자.

텀블러와 손수건, 여행의 필수품

짐을 챙길 때, 텀블러와 손수건, 개인 수저까지 챙기면 여행지에서 일회용품을 사용하지 않게 된다. 여기에 작은 도시락용 다회용기까지 하나 챙기면 좋다. 이동 시 김밥이나 간편식을 담을 때도 일회용 포장을 쓰지 않을 수 있다. 자나 깨나 일회용품 조심!

친환경 세제

집에서 쓰는 친환경 세제를 작은 용기에 담아 가는 것이 좋다. 내가 가는 지역의 환경까지 생각하는 마음, 작은 것부터 다짐을 하자.

장바구니

여분의 장바구니를 준비하자. 여행지에서 기념품이나 특산물을 살 때 담아 오면 좋다. 작은 짐만 가지고 이동할 때도 요긴하게 쓸 수 있다.

대중교통

자동차가 편하겠지만, 생태적인 여행이라면 탄소발생을 줄이기 위해 대중교통을 선택하자. 그 동네의 버스를 이용하면 색다른 재미를 발견할 수 있다.

지역에 대해 알고, 감사하기

아름다운 자연을 지켜준 지역 주민들에게 감사한 마음을 갖자. 되도록이면 지역 주민이 운영하는 서비스를 이용해 지역경제에 보탬이 되는 것이 좋다. 그 지역의 자연환경과 문화를 이해하는 과정은 나의 여행도 풍성하게 만들어줄 것이다.

흔적을 남기지 않고 자연에 들기

모든 자연에서 우리는 손님일 뿐이다. 정해진 시간, 정해진 길을 걸으며 지금 내가 지나는 이 길은 야생동물의 집이라는 사실을 기억하자. 최대한 흔적을 남기지 않게 자연에 들자. 우리의 걸음을 재촉하는 데크와 시설물들이 다른 생명에게는 장애물이 될 수 있다는 생각을 떠올려보자.

쓰레기 되가져오기

여행하는 동안 최대한 쓰레기를 만들지 않도록 노력하자. 내가 만든 쓰레기를 되가져오는 것도 방법이다. 숲이나 해변에 갔다면 충분히 쉬고나서 쓰레기를 줍는 활동은 운동도 되니 일석이조!

#5
일잘왕의 에코라이프

종이 안 쓰는 오늘이
식목일

4월 5일은 식목일. 그런데 나는 태어나 한 번도 나무를 심어 본 적이 없다. 집 앞에 마당이 있는 것도 아니고, 아무 뒷산에 가서 심을 수 있는 것도 아니고. 실천하기 어려운 일은 나와 상관없는 일처럼 여겨지기 마련이다. '종이는 숲이다'라는 말을 처음 들었을 때 마음이 '쿵' 했다. 일상에서 가장 흔하게 쓰고 있는 종이를 나무와 숲으로 연결지어 생각해본 적이 없었던 것이다. 내가 1년에 쓰는 종이를 만들기 위해서 나무를 몇 그루나 베어야 했을까? 나무를 심을 수 없다면 나무를 베지 않는 방법, 종이를 아껴 쓰는 것은 실천해볼 수 있지 않을까?

숫자로 보는 종이 이야기

1

A4 용지 1만 장(4상자)을 만드는데 원목 한 그루가 필요하다.

3

우리 국민 1인당 연간 종이 사용량은 2017년 기준 191.4kg으로 전 세계 1인당 연평균 종이 사용량(57kg)의 3배가 넘는다.

4

국내 한 해 종이 소비량은 2017년 기준 약 991만 톤이다. 나무로 환산하면 약 2억 4,000만 그루로 2014년 식목일에 심은 나무보다 약 4배 많은 나무가 한 해 종이 생산을 위해 베어지고 있는 셈이다.

10

한 장의 A4 용지를 만들기 위해서는 10L의 물이 소비되며 2.88g의 탄소가 배출된다. 종이를 사용하는 것만으로 국내 인구 한 사람이 연간 1,914L의 물을 사용하고, 약 551g의 탄소를 유발하는 셈이다. 따라서 종이산업은 화학, 정유, 제철 산업에 이어 에너지 소모가 큰 산업으로 분류된다.

30

식목일에 심는 나무는 아직 어린 묘목이지만 우리가 종이를 사용하지 않음으로써 살릴 수 있는 나무는 30년 이상 햇빛과 물을 머금고 자란 원목이다.

종이를 아껴 쓰는 오만 가지 방법

- 보지 않는 신문, 잡지 구독 안 하기
- 주방용 종이 타월 대신 행주 사용하기
- 화장실 휴지 손에 둘둘 말아 쓰지 말고 절반으로 줄이기
- 휴지 대신 손수건, 걸레 쓰기
- 일회용 젓가락, 종이컵 사용 안 하기
- 컴퓨터 인쇄 버튼을 누를 때 3초만 다시 생각하고 꼭 필요없다면 파일로 보기
- 인쇄를 해야 한다면 모아 찍기, 여백 줄이기, 양면 인쇄, 이면지 인쇄하기
- 쓸 수 없는 이면지 모아 노트로 만들기
- 광고전단 뒷면 메모지로 사용하기
- 서류봉투는 두었다가 다시 사용하기
- 각종 청구서, 사용 내역서 온라인으로 받기, 청구서 줄이기
- 모든 종이 분리배출하고, 비닐 코팅된 종이는 비닐 부분을 분리하여 배출하기
- 재생종이로 된 제품 사용하기
- 파쇄지도 재활용! 소포 보낼 때 충전재로 활용하기

지구를 위해 한 발 더

친환경 인쇄

글꼴 디자인을 통해 프린트 잉크도 줄일 수 있다. 무료 이용가능한 영문폰트로 '에코폰트'(www.ecofont.com)와 네이버가 무료로 배포한 '나눔글꼴에코'(hangeul.naver.com/eco)가 있다. 최대 35%까지 잉크를 절약할 수 있고 잉크 카트리지 소비를 한 해에 1,000개 넘게 줄일 수 있다.

친환경 잉크

'잉크'에는 유해화학물질인 휘발성유기화합물이 들어 있다. 인체뿐만 아니라 환경오염에도 영향을 미친다. 대표적인 친환경 잉크로 대두유로 만든 콩기름 잉크가 있지만 해조류로 만든 조류 잉크, 쌀겨로 만든 쌀기름 잉크 등 다양해지고 있다.

안 쓸 수 없다면
재생종이 쓰기

종이를 아끼는 것은 좋지만 그렇다고 하나도 안 쓸 수는 없다. 나는 전자책보다는 종이책을 더 좋아하는데, 종이가 주는 냄새와 촉감도 책을 읽는 즐거움에 포함되기 때문이다. 이럴 때 떠올릴 수 있는 대안이 재생종이이다. 재생종이는 한 번 사용한 종이를 다시 사용해 만들기 때문에 그만큼 새로 나무를 베지 않아도 된다. 종이를 생산하는 과정에서 소모해야 하는 물과 에너지 자원들도 훨씬 더 절약하고, 배출되는 오염물질도 더 적다고 한다. 그러나 실생활에서 재생종이를 사용하는 경우는 극히 드물다. 재생종이가 깨끗하지 못하다고 생각하는 걸까? 이참에 오해를 풀고 재생종이와 친해져보자.

재생종이에 대한 오해와 진실

재생종이가 진짜 나무를 살린다고?

재생종이는 한 번 쓴 종이를 재사용해서 만든다. 대체로 사용한 종이가 40% 이상 들어간다. 사용한 종이가 얼마나 들어갔는지에 따라 고지 함유율을 표기한다. 1톤의 종이를 생산할 경우 24그루의 나무를 베어야 하는데, 재생종이를 쓰면 10그루의 나무를 베지 않아도 된다.

재생종이 왠지 찝찝한데?

종이의 원료인 나무는 갈색인데 종이는 푸른빛이 감도는 백색이다. 화학약품으로 표백처리를 하고, 형광증백제를 사용해 종이를 더 하얗게 만들기 때문이다. 형광증백제는 식품 용기나 유아용품에서는 사용이 제한되어 있을 정도로 유해성 논란이 있는 물질이다. 재생종이는 잉크를 빼내는 과정을 거치지만 일반 종이에 비해 화학물질의 사용이 훨씬 적다. 재생종이의 자연스러운 하얀색은 눈의 피로도 적게 해준다.

재생종이는 품질이 떨어질 것 같은데?

국내 재생종이 제지업계의 생산기술 발달로 품질 좋은 재생종이가 많아졌다. 품질이 좋은 재활용 제품에 부여되는 'GR(Good Recycled) 인증'을 받은 재생복사지는 100매 넘게 연속 복사했을 때 복사 상태가 선명하며 이중 급지 또는 걸리는 현상이 일어나지 않아야 한다는 종이 품질 기준을 통과한 것으로, 일반 복사지와 거의 구분을 할 수 없을 정도로 품질이 우수하다.

재생종이가 더 싸야 하는 거 아냐?

재생종이에 대한 수요가 워낙 적다보니 일반종이보다 가격이 높다. 기업, 정부에서 재생복사지를 일상적으로 쓰고 있는 독일은 일반 복사지보다 재생복사지 가격이 저렴하다. 재생종이 생산과 소비가 늘어나면 당연히 가격도 낮아질 것이다.

10%만 재생복사지로 바꾸자

일상에서 가장 흔하게 사용하는 복사지. 우리나라 한 해 복사지 사용량은 2억 9,000만kg으로 63빌딩 약 53개 높이에 달하는 양을 쓴다. 그러나 사무실에서 사용한 종이의 45%가 출력한 그날 버려진다.

우리나라에서 쓰고 있는 복사지 가운데 10%만 재생복사지로 바꿔도 날마다 760그루, 해마다 27만 그루의 나무를 살릴 수 있다. 재생복사지를 구입하는 방법은 어렵지 않다. 일반 온라인 쇼핑몰, 전문 사무용품 쇼핑몰, 장애인 생산품 판매 홈페이지 등에서 구입할 수 있다. 숲을 살리는 재생종이 홈페이지(http://www.green-paper.org/)에서는 재생종이에 대한 더 많은 정보를 살펴보고 구입 신청도 가능하다.

재생종이를 만드는 과정에서도 오염물질은 발생한다. 환경을 오염시키는 것은 마찬가지더라도 조금이라도 나무를 덜 베는 방법을 선택하는, 그야말로 '대안'일 뿐이다. 가장 좋은 방법은 역시 종이 자체를 아끼는 습관이다.

종이 분리배출 방법

품질 좋은 재생종이를 만들기 위해서는 분리배출부터 잘해야 한다. 우선 이물질이 묻은 종이나 휴지, 영수증이나 택배전표, 코팅지 등은 재활용이 불가능해 일반 쓰레기로 버려야 한다. 골판지 상자 같은 경우 택배송장이나 테이프를 떼어내고, 달력이나 연습장 같은 경우 철심이나 스프링까지 제거해야 재활용이 가능하다. 종이를 종류별로 분류하여 배출하면 품질도 높고 밝은색의 재생종이를 만들 수 있지만, 분류되지 않고 한꺼번에 혼합 폐지로 압축하여 재생지를 만들게 되면 색깔이 어둡고 질이 낮은 종이가 만들어진다. 번거롭더라도 백색 인쇄용지, 종이팩, 신문지, 골판지 상자를 종류별로 분류해서 배출하는 게 가장 좋다.

배달음식은
음식만 오는 게 아니니까

뭘 먹을까. 나에게는 참 중요한 고민이다. 오늘의 맛있는 한 끼는 오늘만 누릴 수 있는 행복이라는 신념으로 메뉴를 정하는 순간, 나는 백프로 진심이다. 너무나 즐거운 고민이지만 세상에는 맛있는 것들이 넘쳐난다. 주머니 사정만 넉넉하다면, 내 식탁 위로 못 가져올 음식이 없을 정도로 많은 음식들이 아주 쉽게, 게다가 아주 빠르게 배달된다. 참 편한 세상이다, 혁신이다 말하는데 이 불편한 마음은 뭘까? 배달음식, 편한데 왜 불편하지?

배달 용기, 뭐가 문제야?

- 통계청에 따르면 온라인 쇼핑 거래액 중 음식서비스가 2019년 동월 대비 83%가 늘었다. 문제는 음식서비스 거래액이 늘어날수록 쓰레기도 늘어난다는 점이다. 음식서비스 거래액을

최소 주문금액(2만 원)으로 나눠 계산하면 주문량은 270만 건에 이르며, 이로 인해 발생되는 플라스틱 배달 쓰레기(주문 시 최소 3개) 발생량은 최소 830만 개로 추정된다. (2020년 8월 기준)

- 분리배출을 해서 재활용을 하면 되지 않나 싶지만, 배달 용기는 빨간 소스 등 음식물로 인해 오염되는 경우가 많고 음식을 덮기 위해 부착된 비닐이 제거되지 않으면 재활용이 어렵다. 대부분 플라스틱으로 만들어진 배달 용기는 재활용이 안 되는 일회용품으로 버려져 쓰레기 문제를 가중하고 있다.

- 1인 가구 증가, 배달서비스 증가 등 생활 방식이 달라지고 편리하다는 이유로 일회용품 사용은 지속적으로 증가해왔다. 코로나19 확산으로 외출을 자제하면서 배달은 훨씬 급증했지만 일회용품 사용규제 적용 예외가 대폭 확대되면서 일회용품 사용규제는 오히려 후퇴했다.

- 배달을 시킬 때마다 버려야 하는 엄청난 쓰레기 때문에 불편한 마음이 드는 건 한두 사람뿐만이 아니다. 정부 정책은 대부분 기업의 자발적 규제를 중심으로 진행되는데 실질적으로 쓰레기를 줄이기 위해서는 자율적 협약에 의한 단계적 노력이 아니라 더 적극적인 감축 정책이 병행되어야 한다. 코로나19로 늘어난 쓰레기들이 자연환경을 더 파괴하고 동물들의 서식처를 위협해 또 다른 질병으로 돌아오기 전에 말이다.

배달 용기 쓰레기와 멀어지는 팁

도시락 싸기

아침에 일어나는 것도 힘든데 도시락이라니. 그러니 저녁에 미리 준비하자. 도시락을 먹으면 생활비 절감도 가능하다. 함께 도시락을 먹는 사람들이 있으면 반찬도 골고루 먹을 수 있으니 동료나 친구를 꼬셔보자.

직접 찾아가기

음식점을 방문해 먹거나 들고 간 용기에 포장해 오면 그만큼 움직이니 산책도 되고 소화와 스트레스 해소에도 좋다.

다회용기 요청하기

요즘에는 별로 없고 점점 사라져가지만, 다회용기를 사용하는 곳이 있다면 우선으로 선택하자. 보물 같은 곳이니, 리뷰도 적극 남겨 다른 사람들에게도 소개하자. 배달중계 플랫폼에 다회용기 사용 여부를 알려달라고 꾸준히 요청하는 것도 좋은 방법이다.

필요 없는 일회용품 거절하기

배달음식을 주문하게 된다면, 수저와 물수건처럼 반드시 필요하지 않은 일회용품은 꼭 거절하자. 필요 없는 반찬이나 소스도 거절해 쓰레기가 될 배달 용기를 하나라도 줄여보자.

채식 식당에서 만나

채식이면 꼭 샐러드만 먹을까? 완전 채식을 하는 비건 같은 경우는 샐러드 말고 선택할 게 없다. 국수나 김치처럼 언뜻 채식이 아닌가 싶은 음식도 멸치로 국물을 내거나 새우젓으로 간을 하는 등 동물성 식재료가 들어간다. 채식 인구가 많이 늘어나고, 채식 문화에 대한 관심이 높아졌지만 채식에 대한 편견은 아직도 높다. 친구나 동료 중에 채식을 하면 누군가 꼭 한 번씩 풀만 먹고 어떻게 사냐는 잔소리를 한다. 알고 보면 세상에 맛있는 채식은 많다. 채식 식당에서 알차게 차려진 한 끼를 맛보면 채식에 대한 매력을 알게 될지도 모른다. 우리 일상에서 채식을 좀 더 쉽게 만날 수 있는 방법이 없을까?

점점 퍼지는 채식 선택권

식습관을 바꾸는 건 절대 쉬운 일이 아니다. 혼자만 실천하겠다고 해서 다 되는 것도 아니다. 채식 문화 확산은 학교 급식, 회사 구내식당, 일반 식당에서 채식을 쉽게 선택할 수 있어야만 가능하다. 다행히 우리나라에도 점점 채식 선택권을 함께 두는 곳이 많아지고 있다.

• 2020년 여름 서울시교육청은 건강 문제와 기후위기의 해결 방안, 청소년 채식 인구의 증가에 따라 서울 학교들의 급식에 채식 선택제를 도입한다고 발표했다.

• 국방부는 2020년부터 군대 급식지원 관련 규정을 신설하며 육류 대신 과일이나 두부를, 우유 대신 두유를 선택할 수 있게 했다.

• 대전 대덕구는 매주 금요일 구내식당의 점심 식단을 고기 없이 꾸민 '채식하는 날'로 운영한다.

• 서울시, 수원시는 채식주의자를 배려해 관내 식품접객업소 중 '비건 식당'이나 '비건 메뉴 취급 식당'을 운영하는 업소의 정보를 제공한다.

• 롯데리아, 서브웨이 등 패스트푸드 전문점에서도 비건 메뉴를 출시하고 있다.

• 편의점에서도 버거와 김밥, 도시락 등 채식 간편식이 출시되어 인기를 끌고 있으며 고기육수 수프가 아닌 채소로 맛을 낸

라면, 계란 대신 콩과 두유로 만든 순식물성 마요네즈, 현미와
귀리, 3가지 견과류로 만든 식물성 만두, 돼지에서 추출한 젤
라틴이 들어가지 않은 젤리 등 점점 더 다양한 상품들이 출시
되고 있다.

가끔은 특별한 회식도 좋아

보통 회식을 하는 경우, 고기집을 많이 간다. 채식인은 고추나 오
이만 먹어야 하는 환경이다. 구성원 모두가 맛있는 음식을 먹을
권리가 있는데 말이다. 나서서 채식임을 밝히는 게 쉽지 않기 때
문에(조직에서 아직은 이게 쉽지가 않다) 행사 후 뒤풀이나 공식적
인 식사 자리는 채식 식당이나 채식 메뉴가 있는 곳에서 한다는
원칙을 만들어보면 어떨까? 맨날 '고기서 고기'인 회식 대신 색다
르고 의미도 있을 것이다.

채식 식당, 어떻게 찾지?

전 세계 비건인들을 위한 서비스 '해피카우(Happy Cow)'

해피카우 홈페이지와 어플에서 특정 지역별로 채식 식당을 검색
할 수 있다. '서울'과 같이 도시는 물론, '강남', '합정' 등 동네별로
도 검색이 가능하다. 완벽한 비건 식당인지, 비건 옵션을 선택할
수 있는지에 대한 정보도 확인할 수 있다. 내가 있는 장소에서 가
까운 채식 식당의 정보나 실제 방문자의 리뷰를 확인할 수 있다.

전 세계 비건인들이 사용하는 만큼 특히 해외 여행을 갈 때 채식 식당을 안내받을 수 있는 좋은 서비스이다.

국내 채식 식당을 소개하는 서비스 '채식 한 끼'

채식 한 끼는 특정 지하철 역과 지역은 물론 식당의 상호로도 검색이 가능하며, 식당을 선택할 시 메뉴와 가격뿐만 아니라 메뉴의 사진까지 제공해 개개인의 취향에 맞는 음식을 선택할 수 있다. 기본적인 식당 정보와 함께 어떤 메뉴가 좋았는지 등의 이용 경험을 나눌 수 있다. 채식 레시피, 인터뷰, 토크쇼 등의 콘텐츠도 많아 채식 입문자에게 유용한 앱이다.

메일함 비우기

아침에 눈뜨면 스마트폰부터 본다. 출근길에도 스마트폰을 내내 들여다본다. 사무실에 도착하면 메일부터 확인한다. 인터넷으로 자료를 검색하고, 퇴근 후 밥 친구로는 미드가 딱이다. 그런데 나의 이 모든 행동에서 이산화탄소가 배출된다는 사실! 물건을 쓰고 버리는 것도 아닌데 어디서 이산화탄소가 배출되나 싶지만 그 양은 어마어마하다. 모든 것이 온라인 기반인 세상에서 어쩌란 말이냐며 분통이 터질 법하지만 의외로 실천할 수 있는 방안들이 많다. 일단 개념부터 짚고 가자.

디지털 탄소발자국?

스마트폰, 컴퓨터, 태블릿 PC와 같은 전자기기에서의 작업은 와이파이, LTE 등의 네트워크를 거쳐 최종적으로 데이터작업을 처리하는 데이터센터에 연결된다.

수많은 데이터가 쌓이는 데이터센터는 적정 온도와 습도를 유지하기 위해 많은 전력을 소모하는데 이 과정에서 발생하는 이산화탄소를 '디지털 탄소발자국'이라고 한다.

데이터가 늘어날수록 더 많은 저장공간이 필요하고 저장공간 운영에 필요한 전력량 또한 증가한다.

IDC(Internet Data Center)의 2019년 자료에 따르면 전 세계 데이터센터의 수는 2012년 50만 개에서 2019년 800만 개로 급증했다. 또한 데이터센터가 사용하는 에너지의 양이 4년마다 2배씩 증가하는 추세다.

이산화탄소가 얼마나 배출되길래?

스팸 메일

메일함이 방치되었을 때 얼마나 많은 이산화탄소가 발생할까? 페이스북의 지속 가능성 보고서에 의하면, 이메일 한 통당 약 4g의 이산화탄소가 발생한다. 용량이 큰 첨부파일을 담은 이메일의 경우 50g까지도 발생시킨다. 게다가 대부분의 이메일은 클라우드에 보관되는데, 이 클라우드야말로 365일 24시간 가동되는 엄청난 오염원이다. 지난 2019년 국내 이용자가 수신한 스팸 메일은 총 5,045만 건으로, 스팸메일로만 201만 8,000톤의 이산화탄소가 발생했다. 프랑스 환경에너지관리청은 불필요한 이메일을 10%만 줄여도 매년 약 1톤의 이산화탄소 배출량을 줄일 수 있다고 한다.

스트리밍 서비스

요즘은 대부분 음악, 영상과 같은 미디어 콘텐츠를 스트리밍 방식으로 접한다. 이 과정에서 트래픽이 발생하는데, 상당부분은 영상 스트리밍이 차지한다. 프랑스 환경단체 '시프트 프로젝트'에 따르면 인터넷 트래픽의 60%를 차지하는 건 다름 아닌 비디오 스트리밍으로 연간 3억 톤의 이산화탄소를 배출한다. 놀랍게도 이는 전 세계의 연간 총 탄소 배출량의 1%에 해당한다. 온라인 영상을 30분 재생할 때 1.6kg의 이산화탄소가 발생하는데 이는 차로 6.3km를 운전할 때 발생되는 이산화탄소의 양과 동일하다.

스마트폰

스마트폰을 통해서 사용하는 데이터 1MB당 이산화탄소 배출량은 약 11g, 1분간 전화통화를 할 때 발생되는 이산화탄소는 3.6g이다. 이 밖에도 구글 검색할 때마다 0.2~7g, 트위터 하나 남기는 데 0.02g, 유튜브는 10분 재생 시 1g의 이산화탄소가 발생한다.

디지털 탄소발자국 줄이기

- 오래된 메일을 삭제하고 불필요한 뉴스레터 구독 끊기
- 필요 없는 데이터로 가득한 클라우드 정리하기
- 음악 감상을 위해서라면 유튜브에서 동영상을 스트리밍하는 대신 음악 플랫폼 이용하기
- 음악과 비디오는 스트리밍 대신 다운로드하기
- 스마트폰으로 영상을 보는 경우 해상도 줄이기
- 자주 가는 인터넷 주소가 있다면 즐겨찾기로 바로가기

- 모바일 대신 와이파이 이용하기
- 모니터 화면 밝기를 100%에서 70%까지 낮추기
- 비디오 자동재생 차단되도록 설정하기
- 스마트폰 자주 바꾸지 않기

로그아웃하는 날

디지털 탄소발자국을 줄이는 가장 확실한 방법은 당연하게도 디지털 기기의 사용을 줄이는 것이다. 이것은 이산화탄소 발생을 줄이고 기후위기를 막기 위해서만이 아니라 진짜 나의 삶을 되돌아보고 꾸려가기 위해서라도 필요하다. 수많은 디지털 기기에 둘러싸여 과도하게 연결되어 있는 것 같은 느낌을 갖는다면 말이다. 모든 디지털 기기로부터 로그아웃하는 시간을 가져보자. 특히 스마트폰. 하루에 몇 시간 혹은 일주일에 하루, 로그아웃하는 날을 정해보자. 수잔 모샤트의 《로그아웃에 도전한 우리의 겨울》을 읽어보고 용기를 얻어봐도 좋겠다.

대기전력,
멀티탭으로 칼퇴

'전원을 끄면 전기가 소모되지 않겠지'라고 생각하겠지만 그래도 전기는 돌아가고 있다. 바로 대기전력으로, 전원을 끈 상태에서도 전기제품이 소비하는 전력을 말한다. 컴퓨터, 텔레비전 등 사무, 가전기기는 대기상태에서도 많은 전력을 소비한다. 가정에서 쓰는 전기밥솥, 세탁기, 에어컨과 같은 전기제품은 코드만 꽂혀 있어도 대기전력이 소비되는 것이다. 대기전력을 완벽히 차단하는 방법은 간단하다. 안 쓰면, 코드까지 뽑는다. 정시에 퇴근하는 것, 전기제품도 필요하다. 전기야, 대기하지 말고 오늘부터는 칼퇴하자.

대기전력, 어떻게 줄일까?

• 대기전력 유무는 전원 표시를 보면 알 수 있다. 막대가 동그라

미 안에 있으면 대기전력이 없는 것(○), 막대가 동그라미 위로 나와 있으면 대기전력이 있는 것(⏻). 내가 쓰는 전기제품에 대기전력이 있는지부터 살펴보자.

- 쓸 때마다 코드를 꽂았다 뽑는 것은 너무 귀찮으니 멀티탭을 이용하자. 코드마다 전원 차단 버튼이 있는 멀티탭은 전기제품을 쓰고 나서 바로바로 편하게 대기전력을 차단할 수 있다.
- LED전구는 백열전구 전력의 5분의 1이다. 조명을 LED로 바꾸는 것만으로도 전력 잡기의 절반은 한 셈이다.
- 필터처리방식 정수기는 수돗물 압력을 통해 정수하는 것이기 때문에 플러그를 뽑아도 상관없다. 여름에는 병에 담아서 냉장고에 넣어두고, 겨울에는 필요할 때만 끓여 먹자.
- 전기밥솥의 밥을 보온해 두는 것보다 전원을 끈 다음, 나중에 찬밥에 물을 붓고 재가열하면 맛도 더 좋고 전기도 아낄 수 있다.
- 진공청소기를 돌리기 전에 청소기부터 청소하자. 흡입력이 좋아져 청소시간이 줄 수 있다. 청소기보다 빗자루와 걸레를 사용하는 횟수를 늘려보자.
- 최근에는 IoT(사물인터넷)를 이용해서 어디서든 전기를 원격 제어할 수 있는 스마트멀티탭과 스마트플러그도 출시됐다. 이 제품들은 애플리케이션을 통해 전원 온오프 상태를 이용자에게 알리고 전원을 제어하거나 타이머를 설정할 수 있다.

발전소보다 절전소

전기를 절약하는 것은 단순히 전기요금만의 문제는 아니다. 전기를 더 효율적으로 사용하면 대규모 발전소를 줄이고 이로 인해 발생한 온실가스를 줄일 수 있기 때문이다. 일상에서 새어 나가는 에너지를 막는다면 그만큼 발전소가 필요 없을지도 모른다. 절전은 곧 발전. 절전소는 바로 그런 의미다. 개개인은 일상에서 쉽게 지나치지만 실천하기는 간단한 에너지 절약 팁을 통해 '새는' 에너지를 막고, 공동체 단위에서는 에너지 절약 노하우를 나누고 학습하며, 나아가 재생에너지로 에너지를 생산하는 데까지. 우리 동네, 우리 회사도 절전소가 되어보면 어떨까?

택배 포장 쓰레기

"택배 배송 완료" 세상에서 가장 반가운 문자가 아닐까? SNS에 누가 올린 글을 보고 요즘 나도 따라하는 일이 하나 있다. "안전하게 전해주셔서 고맙습니다."라고 배송 완료 문자에 답장을 보내는 것이다. 비대면이 일상화되면서, 마치 이런 편리함이 자동적으로 일어나는 일처럼 생각하며 살았다. 누군가의 보이지 않는 노동이 우리의 일상을 돌보고 있었다는 사실을 잊고서 말이다. 택배에 관해 미안한 마음이 또 있다. 내용물보다 더 많은 포장 쓰레기를 정리할 때면, 내가 산 것이 쓰레기인가 싶을 정도이다. 지구에게는 문자도 보낼 수 없는데 미안한 마음을 어떻게 전해야 할까?

택배 포장, 대안은 없을까?

통계청에 따르면 2010년에 1인당 25상자였던 택배 이용 건수는 2019년 54상자로 늘어났다. 15세 이상 경제활동인구를 기준으로 할 경우, 연간 1인당 99상자로 주 2회가량 택배를 이용한 셈이다. 택배가 늘어난 만큼 쓰레기도 비례해 증가했다. 택배 쓰레기가 문제가 되자 업체에서도 다양한 대안을 내놓고 실천하고 있는데 포장재별로 한번 살펴보자.

포장 상자

유통기업의 경우 기존 스티로폼 상자를 재활용이 가능한 종이로 바꾸는 곳이 늘어났다. 하지만 종이 상자는 재활용하더라도 어쨌든 쓰레기라 아쉬운 점이 있는데, 좀 더 나은 대안으로 다회용 보냉백에 담아 물품 배송 후 회수하는 방식도 있다.

테이프

택배로 이용된 종이 상자나 스티로폼 상자를 배출할 때는 테이프와 송장 같은 이물질은 뜯어내고 버려야 한다. 특히 이물질이 없는 스티로폼은 열처리 등을 통해 액자틀, 욕실 발판 등으로 다시 태어날 수 있다. 하지만 그렇게 재탄생되는 스티로폼은 거의 없다.

사실 여러 번 둘러진 테이프를 제거하는 게 쉽지는 않아 그냥 버리고 싶은 마음이 굴뚝같다. 별것 아닌 일처럼 보이지만 포장할 때 테이프 끝을 접는 것만으로도 도움이 된다. '테이프 끝 접기' 포장은 테이프 모서리를 찾아 손톱으로 긁거나 칼을 대지 않고도 테이프를 깔끔하게 뜯을 수 있다.

크라프트지에 접착제를 바른 종이 테이프를 사용하는 곳도 늘어나고 있는데 종이 테이프도 겉면에 필름을 부착한 제품은 떼어내야 한다. 그래서 떼어낼 필요가 없이 우표처럼 물로 붙이는 테이프도 있다. 검 테이프(gummed tape) 혹은 물 활성화 테이프(water activated tape)는 크라프트지에 전분 등의 수용성 고분자를

발라둔 것으로 물을 묻혀 부착한다.

애초에 테이프를 쓰지 않는 방식도 있다. 날개상자는 테이프를 아예 쓰지 않게 조립하고, 벌어지는 건 친환경 핫멜트 접착제(hotmelt adhesive)를 사용해 보완했다. 테이프 뜯는 소음마저도 '제로'다.

충전재

택배 배송 시 제품 손상을 방지하기 위해 에어캡, 일명 뽁뽁이를 많이 썼지만 종이 충전재로 바꾼 곳이 많이 늘어났다. 유리등 깨지기 쉬운 물건이 아니라면 아예 충전재를 사용하지 않아도 괜찮다.

다른 친환경 충전재로 많이 쓰는 동글동글한 옥수수 전분 완충재는 물에 바로 녹기 때문에 버릴 것조차 없다. 화분에 넣어 두고물을 부으면 거름용으로 쓸 수 있다고 한다.

아이스팩

아이스팩에 들어있는 건 고흡수성 폴리머란 물질로, 재활용이되지 않는 미세플라스틱이다. 내용물은 절대 변기나 하수구에버려서는 안 된다. 통째로 버릴 경우는 내용물을 뜯지 않고 일반쓰레기로 버린다. 내용물을 뜯는다면 포장지는 비닐류로, 내용물은 일반 쓰레기로 버린다. 이때 내용물을 햇볕에 말리면 부피를 줄일 수 있다고 한다.

물론 일반 쓰레기로 바로 버리는 것보다 다시 얼려서 재사용하는 방법이 좋지만 이미 냉동실에 넘쳐나는 경우가 많다 보니 쉽지 않다. 내용물을 100% 물로 만들면 개봉 후 물은 버리고 포장은 비닐로 분리배출하면 되기에 점점 물로 만든 아이스팩이 늘어나고 있다.

헌 옷 수거함처럼 지자체별로 아이스팩 수거함을 두고 필요한 곳에서 다시 사용할 수도 있다. '내 손안에 분리배출' 앱을 이용하면 아이스팩 수거함의 위치를 알 수 있다.

사무실에서 택배 보낼 때 실천할 수 있는 팁

- 택배를 받고 난 종이상자는 적당한 사이즈별로 조금씩 모아두자.
- 뽁뽁이도 바로 버리지 말고 둘둘 말아 챙겨두자.
- 충전재가 없는 경우엔 파쇄지를 이용하자. 색지 파쇄지는 그것대로 훌륭한 포장이 된다.
- 되도록 포장 없이 알맹이만 보내자. "지구를 생각하는 마음도 함께 담아 포장은 최소화했습니다."라는 메모 정도를 함께 보내면, 받는 사람도 충분히 이해해줄 것이다.

일회용품 없는 행사 준비하기

생일, 결혼, 집들이, 돌잔치 같은 개인의 경조사부터 회의, 워크숍, 교육, 컨퍼런스 같은 업무까지 행사는 아주 다양하다. 규모나 방식, 장소 등 상황에 따라 신경 써야 할 게 한두 가지가 아니다. 행사를 준비할 때 빠뜨리는 것이 없는지 체크리스트를 만들면 좋은데, 바로 그 항목 안에 지구를 생각하는 마음도 조금씩 녹여본다면 더욱 의미 있을 것이다. 모든 과정을 완벽하게 친환경으로 준비할 수는 없더라도 체크하는 항목을 하나씩 늘려가면 어느새 일회용품 없는 행사의 달인이 되어 있을 듯하다. 같이 준비하는 사람들이 살짝 피곤해할 수도 있지만 뜻깊은 과정에 모두 끌어들여보자.

일회용품 없는 행사 A to Z

안내

- 참가자들이 개인 텀블러, 손수건, 장바구니 등을 지참할 수 있도록 행사 전에 홍보물에 표기하거나 별도로 공지한다.
- 행사 장소는 대중교통을 이용하기 편한 곳으로 정해, 참가자들에게도 되도록 대중교통을 이용하도록 안내한다.
- 행사장에서 나오는 쓰레기는 분리배출할 수 있도록 수거함을 준비하고, 필요한 경우 안내 인력을 배치한다.

전시, 소품

- 풍선, 꽃가루, 비눗방울 등 쓰레기가 발생되는 소품은 되도록 사용하지 않는다.
- 디지털 장비가 구비된 장소라면 빔 화면을 현수막 대신 활용한다. 종이나 자투리 천으로 현수막을 제작할 수도 있다. 플라스틱 현수막을 사용해야 한다면, 사용 후 재활용할 수 있도록 하자. 면 현수막으로 제작하면, 에코백으로 재활용할 때도 훨씬 활용도가 높다.
- 연례적으로 하는 행사라면, 현수막이나 X-배너에 날짜 없이 제작해 계속 사용하도록 한다.
- 명패, 테이블 넘버 등의 표시대는 플라스틱 케이스보다 120g 이상 중량이 나가는 종이를 접어서 사용하자.

상품, 기념품

- 상패를 제작할 경우 플라스틱이 아닌 나무 등 썩는 재질로 만들어진 것을 선택하자.
- 비닐포장이 된 꽃다발보다는 꽃화분으로 준비하자.
- 참가자에게 물품을 담아줘야 할 경우 봉투 대신에 참가자가 준비한 장바구니나 가방에 담을 수 있도록 하자.

음식

- 일회용 컵 대신 개인 텀블러를 사용하도록 하고, 텀블러가 없는 경우 컵을 대여하되 1인 1컵을 사용하게 안내한다. 행사가 자주 있는 편이라면, 회사 물품으로 다회용 컵을 구비해두는 것이 좋다.
- 플라스틱 페트병에 든 식수를 제공하지 않는다.
- 소규모 행사인 경우 다과를 준비할 때, 미리 주문하고 용기를 챙겨 담아올 수 있도록 하자. 기성제품을 구매할 경우 최대한 낱개 포장되어 있지 않은 것을 선택하자.
- 케이터링을 하는 경우, 다회용기를 사용하는 곳으로 선택하자. 도시락의 경우도 다회용기를 사용하고 수거하는 업체를 알아보자. 메뉴를 채식 위주로 구성하는 것도 좋겠다.
- 녹색연합에서는 다과용 접시로 뻥튀기를 이용하는데, 디저트로도 인기만점이다.

야외 행사로 다회용기 구비가 어려울 경우 대여, 세척 서비스를 제공하는 업체를 활용해도 좋다.

P.NOT

성균관대 인액터스 학생들이 만든 플라스틱 프리 브랜드로 스테인리스 식기, 나무수저, 컵 등 다회용 식기 대여 서비스를 제공한다. (https://blog.naver.com/p_not)

뽀득

2017년 설립한 식기 대여, 세척 서비스 스타트업이다. 세척 자동화 시스템을 도입하여 대량의 식기 세척이 가능하다. 현재 주로 일반음식점이나 유치원, 회사 급식 시설에 서비스하고 있다. (http://bbodek.com/shop/)

트래쉬버스터즈

쓰레기 없는 축제를 만드는 스타트업이다. 축제나 행사장에서 자체 제작한 PP(폴리프로필렌) 소재 컵, 용기, 수저 등 다회용품을 제공한다. 보증금과 약간의 사용료를 내고 음식 담을 용기와 컵을 빌릴 수 있도록 한다. (http://trashbusters.kr/company)

| 참 고 자 료 |

- 리얼푸드, 고승희, '커피 한 잔에 물 130리터… 식품별 '물 발자국'은?', 2019-12-19
- 한국에너지공단, 에너지첫걸음, 2000-06
- 서울특별시, 서울에너지설계사 활동 매뉴얼, 2013-06
- 한국환경정책평가연구원, 해외환경정책동향 2020-02호
- 사단법인 텃밭보급소(facebook.com/dosinong)
- 서울도시농업(cityfarmer.seoul.go.kr)
- 서울시농업기술센터(agro.seoul.go.kr)
- 녹색연합, 한살림, 기후변화와 가까운 먹을거리, 2009-09
- 환경부, 통계간행물, 통계로 본 환경정책, '깨끗한 대한민국, 올바른 음식물쓰레기 배출로부터'
- 한국자원순환사회적협동조합, 홍수열, '[심층진단]음식물쓰레기 자원화 현황 및 쟁점 검토', 2019-07-22
- 한국건강증진개발원, '새로운 일상, 걷기로 시작해요!' 보도자료, 2020-10-26
- 동아사이언스, 신수빈, '[애니멀리포트]동물 축제, 이대로 괜찮을까?', 2019-02-17
- 그린포스트코리아, 박소희, '[Save the Paper] ①종이 생산은 나무를 베는 데서 시작된다', 2018-08-01
- 《녹색상담소》 '환경에 이로운 인쇄방법은 없을까요?' 111-116, 작은것이 아름답다
- 작은 것이 아름답다, 녹색생활, '4월 4일은 종이 안 쓰는 날! 종이는 숲입니다', 2020-03-04
- 녹색연합, 캠페인 '배달음식 1회용품 이제 그만!'
- 기상청, 공식 블로그, 제12기 국민참여기자단 이리재, '[디지털 탄소발자국]스마트폰 사용이 지구의 온도를 높인다고?', 2020-04-24
- 리서치페이퍼, 이영섭, '[WHY]스트리밍에도 환경 비용 들어간다', 2020-04-10
- 한겨레, 유선주, '반가운 택배에 애물단지 포장… 다이어트에 친환경 걸친다', 2020-09-03
- 환경운동연합, <1회용품 안 쓰는 행사 만들기> 가이드라인 소책자, 2020